엄마라는 행복한 직업

엄마라는 행복한 직업

1판 1쇄 발행 2007년 7월 5일
1판 5쇄 발행 2010년 5월 18일

지은이 서형숙 **펴낸이** 김영곤 **펴낸곳** (주)북이십일 21세기북스
편집 나은경 **마케팅·영업** 최창규·김보미
출판등록 2000년 5월 6일 제10-1965호
주소 (우413-756) 경기도 파주시 교하읍 문발리 파주출판단지 518-3
대표전화 031-955-2100 **팩스** 031-955-2151 **이메일** book21@book21.co.kr
홈페이지 www.book21.com

값 11,000원
ISBN 978-89-509-1183-6 03370

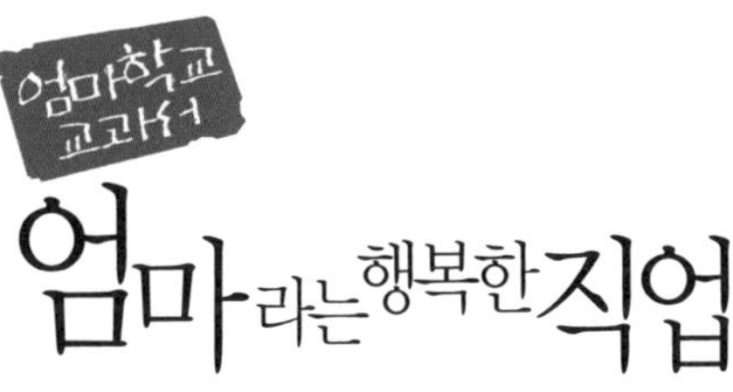

엄마라는 행복한 직업

서형숙 지음

21세기북스
www.book21.com

우리의 아름다운 이름, 엄마

많은 이들이 나를 보며 사회적으로 성공했다고들 하지만 내가 이 세상에 태어나 무엇보다 잘한 일은 결혼을 하고 아이를 낳은 것이다. 남편과 살며, 아이를 낳아 키우며 인내도 기르고 용기도 배우고 배려도 알게 되었다. 그러면서 이 땅에서 천국처럼 살았다. 아이와 남편과 소통하며 살아 여기가 천국일 수 있었다.

인생은 찰나다. 미래를 위해 준비하지 않은 것은 아니지만 송두리째 바치는 어리석은 일은 하지 않았다. 항상 오늘 지금 제대로 사는지, 아이가 웃고 있는지, 내가 행복한지를 살폈다.

아이와 살며 날마다 분주하기만 하고 불평이 많은 우리나라 엄마들이 육아 손익계산서를 한번 써보면 어떨까 하고 생각해본다. 적게

투자하고 많은 이익을 보는 것이야말로 최고의 장사다. 그걸 위해 많은 사람들이 더 배우려 애쓰고 기를 쓰고 힘쓴다. 아이를 기르며 많은 시간과 돈과 정성을 들였는데 과연 얼마만큼 효과가 나와야 손익분기점에 이르고 어디서부터 이익이 창출되는 것일까?

아이를 길러보니 아이는 길러준 대가를 두 돌이면 다 치르는 것 같다. 나머지는 덤이다. 아이를 낳고 기르며 나는 대학원 공부를 포기했다. 학업과 육아를 병행할 수 없어 공부를 포기할 수밖에 없었다. 공부는 나중에 해도 되지만 아이는 기다려주지 않는다. 다 때가 있다. 이왕 엄마가 되었으니 심혈을 기울여 아이를 길렀다. 가슴으로 품어 젖을 먹이고 늘 웃는 낯으로 어르고 기저귀 갈며 배꼽에 바람을 불어넣듯 살 비벼 키웠다.

만사가 고달파도 아이를 사랑으로 대했더니 아이랑 있는 순간은 천국이더라. 맑디맑은 눈망울로 엄마를 응시하고 되지도 않는 혀로 옹알이를 하며 내게 말을 걸어왔다. 토실토실 살찌우더니 있는 힘을 다해 뒤집기를 하며 자라더라. 겨우 기더니 더듬더듬 서고 걸어 엄마인 나를 향하더라. 방실방실 웃는 아이는 또 어떤가. 더구나 날 한 치의 의심 없이 온 우주로 믿어주더라. 그뿐이랴. 차츰 이가 나고 엄마라 불러주니 나 역시 온 우주를 얻은 듯 행복했다. 엄마가 되어 이런 복을 누리는구나 싶어 온몸에 전율이 일었다. 아이랑 사는 기쁨, 알고 있잖은가? 인간으로 사는 동안 최고의 행복이 아이 키우기다. 거짓말처럼 두 돌이 되니 이미 손익분기점이라 여겨지더라.

아이랑 하루 같이 웃고 즐기며 살아야 한다. 웃고 즐기기 위해 선행학습도 닦달도 놓았다. 남과의 비교도 버렸다. 오직 아이가 살아 있음에 감사하고 아이가 만지고 싶어하면 만지게 하고, 보고 싶어하면 보게 하고, 듣고 싶어하면 듣게 했다. 그것 말고는 다 놓았다. 오늘, 지금 이 순간 사는 것처럼 살려고 노력했다. 많은 걸 놓았더니 거꾸로 다 내게 선물이 되어 돌아왔다.

사람들은 학교에서 안 가르치므로 집에서 안 가르쳐 보내면 뒤처진다고 안달인데 그렇지 않았다. 상식적으로 어떻게 학교에서 한 시간 내내 '이것 학원에서 배웠지? 이것 배웠지?' 만 할 수 있겠는가? 이것은 넘어가지만 저것은 가르친다. 어떻게 모든 과목이, 어떻게 모든 선생님이 하루 종일 그럴까. 과연 그게 가능한 현실인가. 아니다. 대부분 선생님들은 열과 성을 다해 가르친다. 학원에서 밤새 힘 다 빼고 와선 시큰둥한 표정으로 앉아 있거나 잠만 자는 아이 앞에서 무슨 수업을 할 힘이 나겠는가? 우리 아이가 눈 뚫어져라 바라봐서 더 열심히 수업했다는 선생님도 계신다. 어쨌거나 그 선생님들이 시험 문제를 낸다. 그러니 학교 수업을 듣지 않을 수 없다. 아이의 에너지는 배터리처럼 한정되어 있는데 밖에서 다 방전되고 나면 학교에선 힘을 쓰지 못한다. 집에서 쉬며 즐겨야 충전이 되어 학교생활을 누릴 수 있다. 그래서 난 학교를 택했다.

선행학습을 하지 않아 비용도 안 들고 애먹지 않고 아이를 길렀다. 육아가 달콤하고 교육이 편안했으며 삶이 행복했다. 날마다 여유롭게 놀고 즐겁게 공부하는 아이를 보는 기쁨을 맛봤다. 스물셋, 스물하나인 두 아이는 두 돌 이후의 긴 세월 동안에도 행복이 뭔지 쉬지 않고 보여주었다. 좋은 시험 성적표, 특목고, 명문대학 입학을 뛰어넘는 삶의 진정한 의미를 내게 가르쳐주었다. 아이를 아이로 들여다보고 놓아두면 절로 큰다. 아이 키우기만큼 남는 장사는 또 없다.

나는 모든 엄마들이 행복하길 소망한다. 그래서 비법이랄 것도 없지만 아이 기른 이야기를 듣고자 하는 이들을 맞으려 북촌, 한옥에 엄마학교를 열었다. 엄마들을 위해 청소하고 차를 준비하고 자료를 모아놓고 기다린다. 이왕이면 가장 좋은 말로 아이를 어르고 가장 나은 표정으로 아이를 맞듯 물품 하나를 사도, 물건 하나를 놓아도 같은 값이면 더 예쁘게, 더 정겹게 꾸몄다. 어느 것 하나 허투로 놓지 않았다. 여기서 내 아이에게 내가 했던 것처럼, 내 엄마에게 내가 바랐던 것처럼, 내 스승이 내게 하셨던 것처럼, 내 스승께 내가 바랐던 것처럼 엄마들을 대하려 한다.

나는 이제 우리 아이 키우듯 엄마들을 키운다. 누구나 알다시피 엄마가 아이를 키우는 것은 아니다. 엄마는 음식을 해줄 뿐 아이가 스스로 먹고 스스로 자란다. 엄마는 그것을 지켜볼 뿐이다. 나도 엄마들에게 엄마 되는 법을 알려주며 길을 놓아주고 자라는 것을 지켜볼 뿐이다. 지켜보니 엄마들은 날마다 자란다. 생각만 해도 기분이 좋을 만큼. 나 역시 그 안에서 함께 자라고 있다.

북촌 엄마학교에서 서형숙

차례

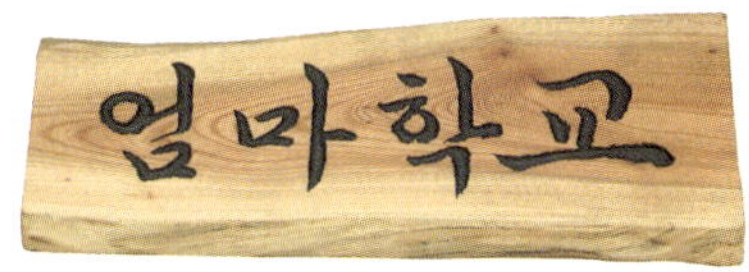

2장 | 엄마의 자리에서 호사를 누려요

3장 | 아이 마음을 읽으면 육아가 즐거워요

4장 | 순간을 즐기면 살림이 쉬워져요

5장 | 엄마학교의 사계절

나는 엄마들이 모두 행복하길 소망한다.

그래서 비법이랄 것도 없지만

아이 기른 이야기를 듣고자 하는 이들을 맞으려

북촌, 한옥에 엄마학교를 열었다.

엄마들을 위해 청소하고 차를 준비하고

자료를 모아 기다린다.

이왕이면 가장 좋은 말로 아이를 어르고

가장 나은 표정으로 아이를 맞듯

물품 하나를 사도 물건 하나를 놓아도

같은 값이면 더 예쁘게 더 정겹게 꾸몄다.

엄마들의 마음을 붙들래요

01장

계동 한옥, 엄마학교

엄마학교를 열기로 마음먹은 뒤, 계동 일대로 집을 구하러 다녔
다. 소박한 한옥이 많으면서 교통이 편리한 지역으로 계동만한 곳이
없었기 때문이다. 물론 마음에 드는 집은 쉽게 눈에 띄지 않았지만
그래도 엄마학교 터전은 반드시 한옥이어야 한다는 마음은 포기할
수 없었다.

요즘 우리나라 사람들은 대부분 아파트나 다세대, 빌라 등 집합
주거 형태의 가옥에 살고 있다. 이런 주거 형태는 여러 가지 문제를
낳게 마련이다. 가축도 모아놓고 기르면 병이 생기고 채소도 같은 것
끼리 있으면 병충해로 어려움을 겪듯 사람이라고 예외일 수는 없다.
우선 필요 이상으로 경쟁심이 생긴다. 옆집과 다닥다닥 붙어 있

으니 비교하지 않으려야 않을 수 없는 것이다. 경쟁만 문제가 아니다. 구조가 다 똑같으니 남과 다르게 보이려고 이것저것 미술품이든 뭐든 갖다 붙이게 마련이다. 또 자연과 멀리 떨어져 있다보니 화초니 돌이니 자연을 느낄 만한 물건을 집 안에 들여놓으려 안간힘을 쓴다. 하지만 그것도 성에 차지 않아 자꾸 밖으로 나간다. 주말마다 거리로 차가 쏟아져 나오는 이유 중 하나다. 동선을 최대한 줄인 공간에서 살다보니 몸을 덜 움직여도 되는 편리함을 얻었지만 그 대신 헬스클럽에서 고통스레 땀을 내며 뛰어야 한다.

그에 비하면 한옥은 비교나 경쟁을 낳지 않는다. 그뿐만 아니라 하늘을 보려면 고개를 한껏 뒤로 젖혀야 하는 고층 건물과 달리 그냥 하늘이 눈에 들어오니 좋다. 지붕이 나지막하니 아늑하게 감싸는 맛도 있다.

그런가 하면 아이들의 일거수일투족이 한눈에 보이는 아파트와 달리 한옥은 훨씬 독립적이다. 엄마는 아이들의 부족한 점을 보는 데서 해방될 수 있어 좋고, 아이들은 사사건건 참견하게 되는 엄마의 잔소리에서 벗어날 수 있어 좋다.

한옥은 또한 자연과 가까이할 수 있다는 장점이 있다. 한옥이 아닌 단독주택에만 살아도 밖으로 나갈 필요가 없다. 아침마다 햇살이 간질이고 꽃이 부르고 나무가 속삭이니 저절로 아침형 인간이 되는 것은 물론 자연을 찾아 길을 떠나지 않아도 된다.

한옥의 가장 큰 장점을 꼽으라면 낮고 소박하여 몇 사람만 어울려도 한가득 찬다는 점이다. 바로 내가 한옥을 엄마학교로 선택한 이유다.

엄마학교 이랬는데 이렇게 되었어요

화쟁이 엄마가 엄마학교를 거치면 다정한 엄마가 되어요. 떼쟁이 아이는 다정한 엄마와 살며 행복한 아이가 되어요.

부동산에서 처음 이 집을 보여주는데 한옥도 양옥도 아닌 것이 가관이라 생각했다. 더 살피지도 않고 들어서려다 말고 대문간에서 뒷걸음질을 쳤다.

"이게 무슨 한옥이에요?"

그런데 집에 와 누워 곰곰 생각을 하니 눈에 선 것 몇 군데만 손보면 쓸 만하겠다는 마음이 들었다.

나를 기겁하게 했던 것들은 시멘트 바닥, 호스를 길게 늘어뜨린 우악스런 수도꼭지, 번들번들 국기봉 같은 스테인리스 난간 그리고 마당을 반이나 차지한 지하 공간 계단 따위였다. 한옥에 지하라니….
처음에는 말도 안 된다 싶었는데 각도를 달리하니 긍정적으로 여겨
졌다.

'지하를 잘만 활용하면 훨씬 넓게 쓸 수 있겠다. 지상은 비어 있
는 공간으로 정갈하게 두고 지하실에 엄마들의 결심을 적은 소망판
을 붙이고 여러 가지 자료를 전시하면 좋겠네.'

마음을 바꾸고 팔을 걷어붙이니 이틀 만에 정갈한 새 집으로 탄
생했다. 그렇다고 사람을 쓰거나 큰돈을 들인 건 아니다. 머릿속에
계획을 세우고, 실제로 움직인 시간은 예닐곱 시간에 불과하다.

발품을 팔면 원하는 걸 얻어요

이 집의 수도가 싫었던 이유는 흉한 모양 때문만은 아니었다. 하찮은 물건이라도 조금만 신경을 쓰면 좀더 낫고 볼품 있을 텐데 섬세하지 않음으로 해서 눈살을 찌푸리게 되는 것이 못마땅했다. 늘 호스를 쓰는 게 아닌데도 꽂았다 뺐다 하기 번거롭다고 철사줄로 친친 묶어둔 것도 그렇고, 안에서 쓰려고 또 다른 수전을 하나 더 붙인 것도 영 마음에 들지 않았다. 당장의 편리함만 추구하다 보면 삶 속의 모양새나 맛은 염두에 두지 않게 되는 법이다.

새로 바꾼 수도꼭지는 펌프에서 수도로 가던 시절 사용한 수도꼭지와 같은 모양이다. 처음 수도가 생겼을 땐 수도꼭지가 별로 마음에 들지 않았다. 여인의 어깨처럼 부드러운 곡선 형태인 펌프와 달리 수도꼭지 모양은 너무 단순해서 아무 느낌이 없었기 때문이다. 하지만 이제 어디서나 볼 수 있을 만큼 수도꼭지가 흔해지다 보니 맨 처음 나온 고전적인 수도꼭지가 사랑스럽게 느껴진다. 적어도 처음 나온 수도꼭지는 요즘 것처럼 마구 만들어져 볼품없는 모양새는 아니었으니까.

수도꼭지 하나 구하러 오뉴월 땡볕 아래 온 을지로를 다 뒤지고 다녔는데, 어디에도 없었다. 그래도 포기하지 못하고 아쉬워하던 차에 성북동 작은 철물점에서 찾아냈다. 주인 할아버지가 그 철물점에서 장사 시작할 무렵 견본으로 붙여놓았던 것으로 단 한 개 남은 것이었다.

"새로 나온 것 중에 좋은 게 더 많은데…."

주인 할아버지는 의아해 하며 2천 원을 불렀다. 발품을 좀 팔긴 했지만 단돈 2천 원으로 보면 볼수록 마음에 드는 물건을 갖게 되다니, 행복이 따로 없다.

생각하고 움직이면 결과가 달라요

이 집에 처음 들어섰을 때 나를 가장 기겁하게 만든 물건이 바로 난간이다. 지금은 검은 철물로 교체했지만 원래의 스테인리스 난간은 정말 끔찍했다. 녹 안 나는 것 말고 무슨 좋은 점이 있다고 스테인리스를 썼을까? 그렇다고 가격차가 그리 많이 나는 것도 아니고. 단 1분만 더 생각했다면 그렇게 볼품없이 만들어 놓진 않았을 텐데….

난간을 교체하기로 마음먹고 나서 꿈꾼 것이 있다. 딱 하나밖에 없는 난간을 만들겠다는 것이었다. 철판을 레이저로 잘라 나뭇가지모양의 난간을 만들고 싶었다. 숲 속 나무를 이 작은 한옥의 난간에 모두 들여놓겠다는 야심 찬 꿈이었다. 그러나 학교를 준비하면서

바로 인터뷰 요청이 이어지는 바람에 시간이 부족하여 그 꿈을 이루지는 못했다. 그 대신 단순하되 한옥과 가장 잘 어울리는 철판 조립 난간으로 바꾸었다. 문고리와 질감, 색상이 같은 흑청색으로 했더니 낯설지 않고 정갈하여 적당했다. 많은 공을 들인 것도 아니고, 생각만 조금 더 했을 뿐인데 결과는 크게 달라진 것이다.

아이를 키울 때도 마찬가지다. 말이나 행동을 할 때 생각 없이 아무 말이나 던지는 것을 경계해야 한다. 아이가 좀 부족하다 싶다고 "그것도 못해?" "그것밖에 못해?" "어이구, 지지리도 못하는구나." "누구를 닮아 그리 못하니?" 따위의 말을 쏟아낸다면, 감히 주눅 들지 않을 아이가 있을까? 잘하는 아이도 기가 죽을 것이다.

아이가 부족하다 싶으면 더욱 다정히 살펴 기를 살려주어야 한다. 아들이 초등학교 1학년 때 50점을 맞아 왔는데 "어, 50점이나 맞았네. 잘했는데"라고 말했다. 나머지 반까지 틀릴 수도 있었는데 반을 맞았으니 용치 않은가. 비록 지금은 반을 맞아 꼴등이지만 언젠가 다 맞을 수도 있을 거라는 생각으로 "엄마가 100점짜리 만들어줄게" 하며 아이가 모르는 것을 다시 쓰게 했다. 엄마가 칭찬하며 화사하게 웃어주니 아이는 차차 혼자서도 100점을 맞게 되었다.

엄마들의 징검다리

바닥에 놓인 징검다리는 성북동 집 뒤뜰에 깔고 남은 둥근 현무암으로 만들었다. 지난여름 단순한 디딤돌이던 이 돌을 집 마당에 놓아 작은 실개천을 만든 적이 있다. 돌을 따라 물이 굽이치게 만들겠다는 생각에 우리 부부는 비 오는 날 어린아이처럼 물장난을 치며 하루 종일을 보냈다. 뒤뜰에는 근사한 물도리동, 하회河回가 탄생했다. 그 남은 돌을 엄마학교 마당에 옮겨놓으니 대문에서 마루까지 안내하는 징검다리가 되었다.

엄마는 아이의 징검다리 역할을 하는 사람이다. 평탄한 길에서는 징검다리가 필요 없듯 엄마도 아이가 잘 지낼 때는 나설 필요가 없지만, 어려움에 맞닥뜨리면 징검다리가 되어주어야 한다. 아이가 한 걸음 한 걸음 딛고 건널 수 있도록 길을 안내해야 하는 것이다.

게으름이 넘치는 아이를 보고 "왜 이리 게으르니, 게을러 터졌구나!"라고 소리친다고 부지런해질까? 결코 그렇지 않다. 우리 엄마들의 목표는 아이를 야단치는 게 아니라 아이를 움직이게 하는 것이다. 아이를 움직이게 하려면 징검다리를 놓아야 한다.

"시장 가자."

"싫어, 이렇게 뒹굴고 노는 게 좋아."

"생선 구이 먹고 싶다고 했잖아. 같이 가서 고르자."

마지못해 따라나서는 아이 손을 잡고 흥겹게 시장으로 갔다. 살아 있음에 이렇게 건강한 모습으로 함께 걸을 수 있으니 이 얼마나 고마운 일인가. 이것저것 보고 와선 일기를 쓰게 하니 두어 줄 쓰곤 더 쓸 말이 없다고 버틴다. 그래도 화를 내지 않았다. 아이라서 그렇다 생각하고 다시 징검다리를 놓았다.

"아귀 참 재미있게 생겼지? 머리에 촉수도 있고."

아이가 아귀를 떠올리며 일기 몇 줄 더 쓰는 걸 보고는 또 말을 이었다. 제일 작은 생선, 못생긴 생선, 머리 좋은 생선, 맛있는 생선이 뭐냐 묻고 대답

하다 보니 어느새 일기장이 찼다. 내가 해주지 않고 징검다리만 놓아
주었는데도 길이 열린 것이다.

아이의 징검다리가 된다는 것, 하루아침에 될 수 없다. 그 사실을
인정하면 화를 가라앉힐 수 있다. 뭘 고치겠다거나 뭘 잘해보고자 한
다면 목표는 하나만 잡아야 한다. 그래야 힘들이지 않고 한 가지에만
집중할 수 있다. 예를 들어 일기를 잘 쓰게 하고 싶다면 일기 쓰는 일
에만 집중하는 것이 좋다. 징검다리를 놓아 일기를 제대로 한 번 쓰
게 하면 아이는 다음부턴 좀더 세심하게 살피고 들여다볼 줄 알게 되
고, 점차 표현하는 법을 익히게 된다.

징검다리가 되어 내 아이들을 키웠듯이 이제 여러 엄마들에게 징
검다리가 되고자 한다. 엄마들은 제 아이들의 징검다리가 되겠지.

지하실에서 희망이 싹터요

황량하던 지하실에 생기를 불어넣었다. 한쪽 벽은 딸이, 또 한쪽은 아들이 꾸며주었다. '이랬는데 이렇게 되었어요'는 딸이, 담쟁이 덩굴은 아들이 만들었다. 다른 한쪽엔 소망판을 붙이고 나머지 한 면은 아무것도 붙이지 않은 채 비워두었다.

바닥은 한가롭게 나무 상자를 두어 책도 꽂고, 엄마들이 앉아 소망을 쓰거나 자료를 살필 수 있게 했다. 을지로에서 산 나무 상자는 열한 개 다 합해 10만 원을 주었다. 길이로 늘릴 수도 있고 높게 쌓을 수도 있어 자유자재로 변형이 가능하다.

간혹 엄마학교에 온 기자들 중 미혼인데 결혼하려고 보면 상대가 썩 마음에 차지 않아 못한다고 하는 사람들이 있다. 그럴 때마다 한

마디 했다.

"그냥 뼈대만 괜찮으면 결혼해요. 사람은 다 부족한 부분이 있어요. 본인이 그렇듯이. 결혼하고 이 집처럼 그런 몇 곳만 고치면 돼요. 조금만 고치니 보는 이 모두 감탄할 만큼 훌륭한 공간이 되잖아요. 가꾸는 맛도 있어요. 배우자도 이렇게 약간 손대 봐요."

이렇게 말하면 다들 공감한다. 결혼을 불안해하던 사람들이 자신감을 갖게 됐단다. 결혼하고 싶고 아이를 어서 갖겠다고들 한다. 그러더니 결혼한다고, 아이 가졌다고 연락이 오기도 한다. 지하실에 머물면 누구나 희망을 품게 된다.

내 집 살피듯 대문 밖도 가꿔요

작년 여름, 엄마학교를 물색하고 단장을 하며 계속 눈에 걸렸던
게 동네 초입부터 늘어선 화분 더미였다. 버려진 온갖 폐플라스틱 화
분에 바가지, 양동이들로 가득해 쳐다보기 민망했다. 너무 더러워 눈
을 감고 싶을 때도 있었다.

일단은 남의 동네에 진출했으니 못 본 척 지나치며 살았다. 처음
이사 오며 학교 단장을 할 때 옆집에 맨드라미를 몇 판 갖다드리기도

했다. 이웃들과 눈만 마주치면 꽃을 나
눴다. 하지만 꽃을 심고 가꾸라는 성화
같아 그리 오래 그러지는 못했다.

볼썽사나운 화분이어도 여름내 푸르
러 없는 것보단 나아 시간이 지나자 그
것 쳐다보기가 조금은 익숙해졌다. 그

러나 겨우내 을씨년스러운 날씨와 함께 화분더미는 마치 쓰레기장 같아 보였다. 학교 대문 앞의 수십 개 화분이 더욱 눈에 거슬렸다. 문 안은 그림인데 문밖이 그러니 더했다. 우리 아이만 잘 기르면 뭐하나, 세상의 아이가 다 행복해야 살 만한 세상 아닌가? 그래서 우리 집에 오는 아이에게는 모두 고운 눈길로 대하고 길에서 만나는 욕하는 아이에게도 사랑 가득한 말을 건넨다. 집 안과 밖의 아이를 다름없이 대하듯 때가 되면 집 앞도 안과 다름없이 만들었으면 하고 생각했다. 그렇지만 서두르지는 않았다.

6개월이 지난 4월 초, 화분 주인 할머니께 말씀 드려 10여 년 된 화분을 다 정리하고 벽돌 화단을 쌓았다. 두어 시간 일을 하니 동네가 훤해졌다고 지나다니는 사람들의 찬사가 자자하다. 아직 자리 잡은 화단은 아니나 그래도 정갈하다. 무엇보다 안과 밖이 다르지 않아 좋다.

엄마학교

엄마가 써준 엄마학교 현판

엄마학교 현판은 우리 엄마가 직접 써주셨다. 학교를 열자 그에 맞는 현판이 필요했다. 대문 위 길이와 높이를 재서 보냈다.

"엄마, 곱고 부드러운 서체로 '엄마학교' 하나만 써줘요."

엄마가 글씨를 써주시면 서각하는 이에게 현판으로 만들어 달라고 할 참이었다. 그런데 뜻밖에도 현판이 올라왔다. 시골 이웃 조각사가 일이 없다기에 아버지께서 맡겼다고 하셨다. 이웃을 생각하는 아버지와 엄마의 따뜻한 마음이 담긴 현판이라 더욱 정이 간다.

우리 엄마는 글씨를 참 잘 쓰신다. 취미로 서예를 오래 배우기도 하셨다. 하긴 우리나라 어른들은 모두 어릴 때부터 글씨를 쓰곤 했다. 가사를 옮기고 문집을 베끼며 글공부를 했다.

엄마와 달리 나는 한 번도 붓글씨를 쓰거나 배운 적이 없다. 난필

임에도 살기에 부족함이 없어 그냥 지낸다. 아들은 더해 악필 수준이다. 알아보기 어려울 때가 있어 "잘생긴 얼굴과 이리 다르네" 하고는 글씨 공부 좀 해야겠다 하면 놔두란다. 천재는 악필이기에 자신이 천재의 조건을 갖췄다며 너스레를 떤다. 천재가 악필일 순 있어도 악필이라고 천재가 될 수는 없을 텐데…. 글씨를 잘 쓰는 엄마와 악필인 아들의 차이는 글자를 손으로 쓰던 아날로그 시대와 컴퓨터로 쓰는 디지털 시대의 차이일 게다.

삼삼한 엄마학교

엄마학교는 삼삼한 학교다. 삼삼한 엄마들이 찾아오니 삼삼하고, 숫자 3이 많아서 삼삼하다.

우선 엄마학교를 찾아오려면 전철 3호선 안국역 3번 출구로 나와 3분 동안 300m를 걸어야 한다.

주소는 계동 101-3이고, 전화번호는 766-1963이나.

이렇게 3이 많으니 이곳에 오는 엄마들의 삶도 틀림없이 삼삼해질 것이다.

엄마학교는 작은 방 두 칸에 부엌 한 칸과 화장실, 지하 홀이 전부다. 인형같이 작고 앙증맞은 집이다.

엄마학교 우수 블로거 '송아줌마'는 3을 좋아해 엄마학교가 더욱 정이 간다고 한다. 사실 나는 3을 오랫동안 싫어했다. 내 생일이 석가모니와 같은 4월 8일인데 어른들께서 생일을 잘못 신고하여 6월 13일이 되고 말았기 때문이다. 실수할 수는 있다고 이해하지만 방치로 생긴 실수이므로 기분이 나빴다. 첫아들이자 장손인 오빠가 태어났을 땐 할아버지께서 직접 면사무소에 가서 출생신고를 하셨단다. 그러나 내 출생신고는 다른 사람을 시켰는데 그게 누구인지 모른다니 더욱 어이없다. 덕분에 나는 열세 살이 되도록 내 생일을 양력 5월 26일로 철석같이 믿고 살다가 중학교 입학원서를 쓰면서 생일을 알게 되었다. 억울한 마음이 들었고, 그 후 숫자 3이 싫어졌다.

그런데 나이 50이 다 되어서 3을 좋아하게 되었다. 엄마학교 덕분에 그 싫던 3에 친근감을 갖게 된 것이다. 오랫동안 싫어했던 만큼 앞으로 오래오래 숫자 3을 사랑하고 싶다.

엄마들의 마음을 붙들래요

붓들레야, 엄마학교 뒤뜰에 피어 있는 이 꽃에는 '엄마들의 마음을 붙들래요' 하는 내 마음이 담겨 있다. 모양도 색도 그지없이 아름답지만 무엇보다 그 이름에 마음이 끌렸다. 갈대처럼 흔들리는 엄마들의 마음을 사로잡아서 아이를 느긋하게 기다려주고 오래도록 칭찬하고 웃음으로 두 팔 벌려 맞아주는 좋은 엄마로 거듭나도록 안내해주고 싶은 나의 바람이 꽃 이름에 담겨 있다.

처음 엄마학교를 열겠다고 했을 때 남편은 만류했다.

"아이 기르느라, 한살림 하느라 수고가 많았으니 이젠 쉴 것이지, 왜 일을 만들어 사서 고생하는가?"

나는 조곤조곤 하고자 하는 일을 설명했지만 남편은 본인 생각에만 몰두했다. 남편의 의견을 참고는 하되 내 뜻대로 일을 풀어나갔

다. 어차피 내가 해나갈 일이니 남편의 의지보다는 내 의지가 더 중요했다.

당시 나는 마음이 급했다. 이렇게 쉽게 아이를 기를 수 있는데, 육아가 이렇게 달콤한데, 교육이 편안한데 그리고 삶이 이리도 행복한데 그것을 놓치고 힘들어만 하는 엄마들이 안타까웠다. 얼른 그 마음을 붙들고 싶었고, 또 붙들 수 있으리라는 자신도 있었다. 앞서온 사람으로서 뒤에 오는 사람을 보살펴야 한다는 의무감 같은 것도 있었다.

내가 벌이는 일이 어처구니없게 느껴졌는지 남편은 어느 것 하나 협조하지 않았다. 내가 건축가와 사는 것을 아는 사람들은 대개 "남편이 다 손봐주셨죠?"라고 묻는데, 나를 과소평가해도 유분수다. 뭐 이만한 일에 전문가 남편을 부르나? 혼자서도 충분하다. 하룻밤 사이 머릿속에 그림을 그리고 일사천리로 현실에서 다 꾸몄다. 서당 개 23년 아닌가. 본 게 얼마고 들은 게 얼만지. 또 학교 다닐 때 가정공부는 뭐 헛했나?

집에 있는 요긴하지 않은 살림을 하나씩 물어 날랐다. 그 살림을 학교에 옮겨놓으니 더욱 빛이 났다. 적재적소에 있어서 그렇다. 아이들도 제자리를 찾기만 한다면 더욱 빛날 것이다.

물확, 장군, 징검다리 돌 등 집에 있는 것을 탐내는 날 보고 남편은 놀렸다.

"언놈이랑 살림 차렸소?"

무관심도 비아냥거림도 아랑곳하지 않고 너무나 확고히 움직이며 일을 벌여놓으니 그제야 남편은 뭘 해줬으면 좋겠느냐고 물었다. 내 힘으로 할 수 없는 마당 징검다리와 디딤돌을 옮겨주고 굵은 모래를 갈아주었다. 남편의 유일한 협조는 마무리하는 날 붓들레야를 옆으로 살짝 밀라고 조언한 것이다. 처음엔 이 꽃을 뒤뜰 문 가운데에 두었는데 남편이 "꽃이든 여인이든 살짝 보이는 맛이 있어야 더욱 매력이 있다"라고 하며 문 옆으로 밀어주었다.

그림처럼 고운 붓들레야, 우리 학교 보배다.

날마다 웃음꽃이 피는 엄마학교

작년 9월 아이들 기르느라 고통 받는 엄마들에게 행복한 엄마 되는 법을 나누고자 엄마학교를 열었다. 육아가 달콤하고 교육이 편안하고 결혼 생활이 행복하다는 것을 일깨워주고 싶었다. 그것은 돈도 학식도 시간도 필요하지 않아 누구든 일상에서 손쉽게 할 수 있는 법이다.

학교를 여니 반응이 뜨거웠다. 『엄마학교』 책은 베스트셀러가 되고 학교는 붐볐다. 이론서나 학설이 아닌 이 땅에서 내가 느끼고 실천하여 열매를 딴 사실이어서 그런 모양이었다. 누구나 알고는 있지만 잘 안 되는 것—화내지 않기, 욕심 접기, 아이를 지극히 사랑하여 웃으며 대하기 등—을 해낸 이야기가 설득력이 있었던 모양이다.

기법이 아니라 근본적인 해결법을 알려주었다. 마음을 열고 나를 들여다보고 아이 속내를 살피고 남편 마음을 읽으면 이 땅이 천국만큼 아름다워진다.

여기서 많은 엄마들을 맞았다. 그 가운데는 엄마들뿐 아니라 늦둥이 아들을 키우는 예순이 다된 아빠와 손자를 기르는 할아버지, 휴직하고 육아를 책임진 젊은 아빠와 신혼의 예비 아빠, 미혼의 기자들도 있었다. 그들의 한결같은 소회는 아이가 이렇게 아름답고 육아가 이처럼 황홀한 일인 줄 몰랐다는 것이다. 그들은 잘 살아보리란 희망을 품은 채 환한 웃음을 머금고 학교를 나선다. 미혼 기자는 어서 빨리 결혼을 하고 싶고 아이를 낳고 싶어 가슴이 설렌다고 한다.

대부분의 엄마들은 화를 잡아달라는 주문을 한다. 간혹 상처가 많아 아이를 혼내기만 하고 잘 기르지 못했다며 통곡하는 엄마들도 있다. 이제는 늦었다고 한탄하는 이가 있는가 하면 그래도 희망이 있다며 손자를 키우는 할머니도 있다. 누구라도 여기에 다녀가면 내가 무엇 하는 사람인지 무엇을 위해 살아야 하는지 아이란 내게 어떤 존재인지 다시 살피게 된다. 그러면서 스스로 답을 찾아간다.

짜증내고 고집부리고 떼쓰는 아이를 화내지 않고 보살피는 법을 가르치면 다들 정말 그렇게 된다고 찬사가 인다. 짜증내는 다섯 살 아들에게 학교에서 배운 대로 "예쁜 얼굴 예쁘게 말해야지"라고 웃으며 말했더니 아이가 활짝 웃더란다. 차츰 엄마 눈 마주치려고 언제

    1장 | 엄마들의 마음을 붙들래요

나 엄마를 향하더니 날마다 웃어서 아이 눈이 웃는 눈이 되었다고도 한다. 이 방법을 친구들에게 알려줬더니 다 되더란다. 얼마나 잘 번지는지 마치 다단계 판매회사 같기도 하단다. 다 큰 아이가 화낼 때 엄마가 화내지 않고 그렇게 웃으며 대하면 아이는 놀라 "엄마, 원래대로 하세요. 제가 뭐 잘못했어요? 앞으로 잘할게요"라고 겁내지만 결국엔 웃고 행복해 하더란다. 화내지 않고 아이 대하는 법 하나로도 모두가 이렇게 행복해진다.

엄마학교에서는 혼자서는 잘 안 되는 아이 대하는 비법을 전수한다. 매주 2시간씩 다정한 엄마, 영리한 엄마, 대범한 엄마, 행복한 엄마가 되어가는 법을 한 달 동안 배우는 '좋은엄마' 과정과 직장인도 참석할 수 있게 토요일에 3시간 동안 총론을 듣는 '기쁜엄마' 과정이 있다. 또 한 달 과정을 마친 엄마들이 모이는 일년반 '또봄반'도 있다. 가끔 수놓기와 유아 좋은 습관들이기, 건강한 먹을거리 특강도 있다.

엄마학교를 찾은 엄마들에게

최상의 아늑한 공간을 제공하고

꽃방석에 앉혀 그간의 노고를 치하하고 싶었다.

처음엔 꽃방석을 파는 가게가 있다는

정보를 보고 흥에 겨워 달려갔다.

그런데 장미인지 양귀비인지 모를 꽃을

기계로 드르륵 수놓은 것을 보니

마음이 내키지 않아 직접 만들기로 했다.

이왕이면 아이 키우는 데 필요한

지혜를 담고 싶어 저마다 다른 무늬를

그려 넣기로 했다.

아이 하나하나 다 다르고

엄마도 다 다르다는 것을 느끼게 하고 싶었다.

엄마의 자리에서 호사를 누려요

꽃방석에 앉혀드려요

엄마학교를 준비하면서 가장 먼저 생각해낸 것이 꽃방석을 장만하는 일이었다. 엄마학교에 찾아오는 엄마들을 꽃방석에 앉혀주고 싶었기 때문이다.

강의 시작할 때 엄마들에게 "아이와 행복하세요?" 하고 물으면 "예" 하고 대답은 하는데 그 소리가 기어들어가고 쓴웃음이 남는다. 아이가 예쁘긴 한데 요것도 좀더 했으면, 이것도 좀 나아졌으면 하는 욕심 때문에 아이의 성적, 태도가 못마땅하고 성에 안 차니 그럴 것이다. 그럼에도 엄마들은 자신의 호사를 포기하고 아이를 돌본다. 어느 엄마나 아이를 위해 힘을 들이고 시간을 쓰고 돈을 쓰고 마음을 쓴다.

엄마학교를 열기로 한 것은 그런 엄마들의 마음을 어루만지기 위해서다. 그랬기에 엄마들이 머무는 이곳, 어느 한구석도 대충대충 만든 곳이 없다. 엄마학교를 찾은 엄마들에게 최상의 아늑한 공간을 제공하고 싶었고, 꽃방석에 앉혀놓고 그간의 노고를 치하하고 싶었다.

처음엔 꽃방석을 파는 가게가 있다는 정보를 보고 흥에 겨워 달려갔다. 그런데 장미인지 양귀비인지 모를 꽃을 기계로 드르륵 수놓은 것을 보니 마음이 내키지 않았다. 기계수는 왠지 정성이 없는 것 같고, 다 똑같아서 싫었다. 기계로 하루에 몇백 장씩 쏟아내는 물건을 학교에 담을 맘은 추호도 없었다. 그건 엄마학교에 정말 안 어울린다. 더구나 명색이 양귀비꽃이라는 것이 굵은 줄기에 국화처럼 이파리가 달려 있는데, 그건 양귀비가 아니다. 양귀비는 가련한 줄기에 커다란 꽃이 탐스럽게 피고, 쑥갓처럼 생긴 이파리는 흙바닥에 모여 나는데….

파는 방석이 마음에 안 드니 직접 만들기로 했다. 이왕이면 아이 키우는 데 필요한 지혜를 담고 싶어 저마다 다른 무늬를 그려넣기로 했다. 아이 하나하나 다 다르고 엄마도 다 다르다는 것을 느끼게 하고 싶었다. 겉모습뿐 아니라 생각도 다 다르다는 것을 알아야 육아가 달콤하고 교육이 편안해진다는 걸 느끼게 하고 싶었다.

전업 화가는 아니지만 심덕 좋고 수채화를 잘 그리는 후배에게 이런 생각으로 꽃방석을 만들고 싶다는 뜻을 전하니 한 번도 그려본

적 없는 작업이라며 난감해 했다. 방법은 내가 다 알고 있으니 솜씨만 보여달라 설득하고는 천 전용물감을 사다가 엄마학교에서 그림을 그렸다. 고착용 다림질 같은 잡일은 내가 하며 후배와 함께 작품을 만들었다.

처음엔 서툴더니 차츰 나아져서 나중엔 선수가 다 되었다. 어디 그림 그리는 일만 그럴까? 뭐든 처음부터 잘할 수는 없다. 흠 잡을 데 없이 잘하는 아이를 키우면 마냥 좋을 것 같은가? 그렇지 않다.

동화 중에 주문을 하면 그대로 아이를 생산해주는 이야기가 있다. 어느 부모가 '식탁에서 얌전하고 학교 갔다 오면 숙제부터 하고 공부도 잘하고, 정리 정돈도 잘하는 아이'를 주문했더니 바로 맞춤 아이가 왔다. 그런데 그 아이와 살다보니 너무 심심해서 아이 사느라 쓴 돈이 아까워졌다.

아이들이 서툰 것은 당연하다. 처음이니 그런 것이다. 처음 할 땐 처음이란 표를 내게 마련이다. 그러다 점차 익숙해지고 손에 익으면 머리의 그림이 꽃방석으로 자연스레 내려앉는 법이다.

아이가 처음 뒤집기를 할 때를 생각해보라. 처음엔 안간힘을 써도 잘 되지 않지만 익숙해지고 나면 일도 아니잖은가? 모든 일이 그렇다. 처음은 처음이다. 당연히 서투르다. 그걸 인정하면 어려운 일, 두려운 일이 사라진다.

스무 엄마 다녀간 표가 없어요

신기하다. 엄마들 스무 명이 다녀간 자리, 머리카락만 날릴 뿐 표가 나지 않는다. 차를 마시고 난 잔을 닦아놓고 집기들을 제자리에 놓고 가기 때문이다. 다른 사람들을 위한 배려가 몸에 뱄다. 보랏빛 비단 쓰레기통마저 탁자 아래 숨어 있어 깔끔하다.

처음 엄마학교에 오면 '엄마학교에 오면 이렇게 하세요'에 따라 움직인다. 처음 오는 분께 내가 안내를 하고는 "이제 선배가 되셨으니 뒤에 오는 분께도 똑같이 안내하세요"라고 이르면 그대로 한다. 차례차례 안내를 하니 자연 얼굴을 들여다보며 이야기하게 된다. 누구나 다 아이를 사랑하고 잘 기르고 싶은 엄마들이다. 내 아이의 친구 엄마들도 마찬가지다. 결국 세상의 모든 엄마의 마음이다. 그 마음을 몇 명 엄마를 통해 보고 알게 된다.

손님들이야 직접 차를 대접하지만 이곳은 공부를 하는 곳이다.
더구나 근 스무 명이나 되는 사람들을 일일이 접대할 수는 없다. 필
요한 분들이 직접 만들어 마시고 마무리도 본인들이 해야 한다.

엄마학교에 오면 이렇게 하세요.

취향대로 차를 골라 드세요.

서랍마다 각종 차와 다양한 컵받침이 있습니다.

마음대로 이용하셔도 좋습니다.

사용한 컵은 다음 사람이 쓸 수 있게 제자리에 놓아주세요.

모임방에는 들고 들어갈 수 없습니다.

등록을 하고 이름표, 자료를 들고 모임방으로 들어가

마음에 드는 꽃방석을 찾아 편한 자리에 앉으세요.

뒷모습이 아름다운 사람들

어느 신문 대담에 내 주특기가 '대한민국 엄마들 염장지르기'라 실려 있었다. 사교육 하지 않고 운동이면 운동, 리더십이면 리더십에 다 공부까지 잘하는 아이로 키운 엄마라서 그렇단다. 그런데 또 염장을 지르고 말았다. 화장실 수를 보고 엄마들마다 묻는다.

"선생님, 수놓기 배웠어요?"

"아니요. 중학교 나왔잖아요."

"여러 가지로 염장을 지르시네요."

그렇다. 나는 따로 수놓기를 배운 적이 없다. 그저 학교 다닐 때 배운 기억을 되살렸을 뿐이다. 화장실에 걸려 있는 꽃수건 또한 중학교 때 배운 것을 살짝 응용해서 만들었다.

화장실에 단순한 수건을 걸어놓자니 아쉬웠다. 그래서 생각한 것

이 꽃이 수놓인 소창수건이었다.

시간이 넘쳐나는 것도 아닐 텐데 언제 그렇게 수를 놓았느냐고 하는데, 자투리 시간을 이용하면 된다. 엄마학교를 만들기로 하고 준비하는 기간에 국가보훈처의 보훈교육 연구원 특강을 했다. 똑같은 강의를 세 번에 걸쳐 했는데, 연구원이 수원에 있다보니 길에서 보내는 시간이 많았다. 그 시간을 활용해 양귀비 변기덮개도 만들고 수 손수건도 꿰맸다.

수 손수건은 여러 종류의 꽃을 피운다. 매주 새로운 꽃으로 교체하므로 화장실에 새 꽃이 핀다. 밤이면 잎이 서로 포개져 부부 금실화라 불리는 자귀나무, 봄부터 여름내 보기 좋은 구름미나리아재비, 봄을 화사하게 밝히는 목련과 가을빛이 스민 구절초 따위가 피어 있다.

수건은 오른손잡이용, 왼손잡이용으로 친절하게 걸려 있다. 일부러 그렇게 마련한 것은 아니고 원래 두 곳에 컵걸이가 달려 있어 수건걸이로 활용한 것이다. 덕분에 엄마들에게 친절해지게 되었다.

엄마들은 수건이 무척 곱다며 "선생님, 아까워서 어떻게 써요?"라고들 한다. 그래도 엄마들이 가고 나서 보면 사용한 흔적이 있다. 손 닦으며 행복해했을 엄마들을 떠올리면 나도 흐뭇해진다.

조금 아쉬운 것은 간혹 화장실 수건을 휙 뒤집어놓고 가는 분들이 있는 것이다. 에머슨의 시구가 떠오른다. 인생의 성공이란 있는 것보다 조금 낫게 만드는 것이다. 화장실에서 쓰고 난 물건들을 바로 놓고, 좀더 보기 좋게 해놓는다면 그 순간 성공한 사람이 될 텐데….

자주 그리고 많이 웃는 것
현명한 이에게 존경을 받고,
아이들에게서 사랑을 받는 것
정직한 비평가의 찬사를 듣고,
친구의 배반을 참아내는 것

아름다움을 식별할 줄 알며,
다른 사람에게서 최선의 것을 발견하는 것
건전한 아이를 낳든
한 뙈기의 정원을 가꾸든
사회 환경을 개선하든
자기가 태어나기 전보다
세상을 조금이라도 살기 좋은 곳으로 만들어놓고 떠나는 것
자신이 한때 이곳에서 살았음으로 해서
단 한 사람의 인생이라도 행복해지는 것

이것이 진정한 성공이다.

— 랄프 왈도 에머슨

엄마들 마음을 어루만져 주는 소망판

지하 홀 벽 한 면에는 엄마들의 소망을 적은 메모가 즐비하다.

좋은 엄마가 되겠다는 한결같은 바람을 갖고 온 엄마들은 저마다 사연도 제각각이다. 어떤 엄마는 강의 중에 계속 훌쩍이며 코를 풀기에 감기가 심한 줄 알았다. 더구나 마주 앉은 두 사람이 강의 시작부터 끝까지 2시간 내내 그랬는데 나중에 보니 우는 거였다.

그날 소망판에 '참회하고 갑니다' 란 글귀가 붙었다. 그걸 보면서 이곳에 미움도 실수도 갖은 회한의 상처도 다 털고 가기를, 그리고 새 삶을 시작하기를 빌었다.

소망판은 그냥 생각으로 스쳐지나가는 것보다는 조금 더 나은 방법으로 엄마들의 마음을 만져주고자 만들었는데, 기대 이상의 효과

　　　　　　　　2장 | 엄마의 자리에서 호사를 누려요

를 거두고 있다. 소망판에는 매주 한 가지씩 집중하고자 하는 것을 정하고 써붙인다. 아이에게 약속을 할 수도 있고 스스로 다짐을 할 수도 있다. 지나온 과거가 발목을 잡는다면 그걸 써서 여기에 버릴 수도 있다. 다음 주엔 점검하고 또 다른 결심을 한다. 소망판은 엄마 마음을 어루만져 주는 요술방망이다.

우리 아이가 행복해지기 위해서는

내가 이렇게 싸워야 한다고 생각하며 살아왔는데

내가 아이의 행복을 뺏고 있으면서

나 또한 힘들어하고 있었다.   2006. 10

남편이 묻는다. 뭐 많이 배웠어? 거기 가서.

내가 대답한다. 응! 그것보다 선생님 말씀 들으면 행복해져.

때로는 가슴이 먹먹해지기도 하고 눈시울이 적셔지기도 해.

내 아이를 생각해면서.

강의를 듣다가 집으로 막 뛰쳐나가고 싶기도 해.

우리 애들이 보고 싶어서.

아이들을 사랑하고 그것을 표현하고 싶은 마음이 막 복받쳐.

고마워. 여기 소개해줘서.

사랑해요, 여보. 우리 아이들….   2006. 12

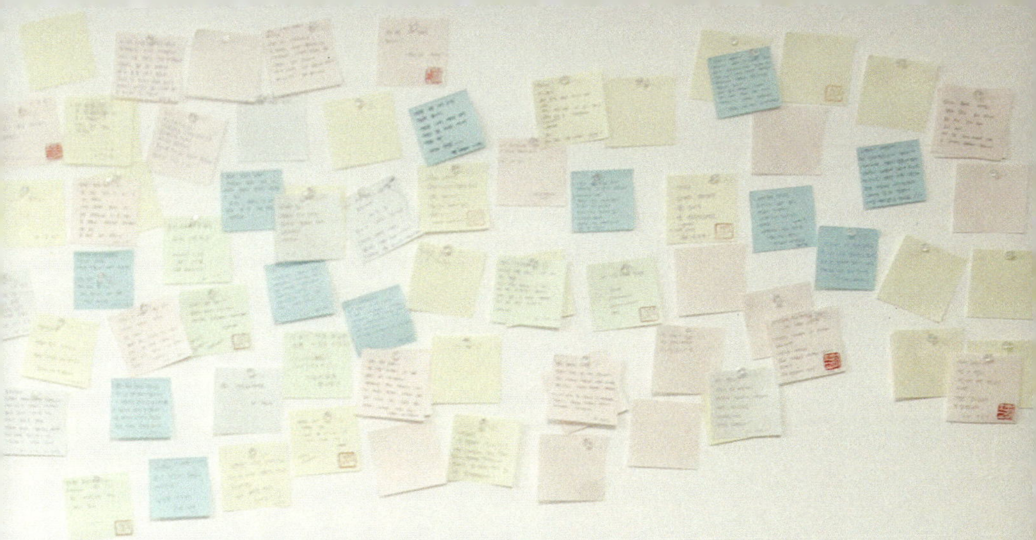

태어나게 될 우리 밀알이 ♡

두렵지 않습니다.

서두르지 않겠습니다.

욕심내지 않겠습니다.

오늘을 행복하게 살겠습니다.

지금 이 마음 지키겠습니다.   태희 teresa 2007. 4. 14

오늘은 남편에게 화났던 마음을 버리고 갑니다.

내 마음대로 되지 않는다고 화내지 말고

그의 있는 그대로를 받아들이고

아이에게도 그렇게 해보겠습니다.

이곳에서 4주간 너무 많은 것을 얻고 갑니다.

제가 얻은 만큼 돌려드릴 수 있는 날이

빨리 왔으면 합니다.   2007년 4월 좋은 엄마 채정원

이 맛, 저 맛, 멋대로 차를 마셔요

엄마학교에 오면 누구나 다양한 차를 마실 수 있다. 여름이라면 찬 녹차, 보이차, 국화차, 이슬차 등과 냉장고의 물, 겨울이라면 뜨거운 차가 준비되어 있다. 기본 차는 학교에서 준비하지만 다른 것을 선택한다면 각자 알아서 꺼내 마셔야 한다.

특히 첫 번째 서랍에는 커피를 비롯하여 여러 나라에서 온 차가 그득 들어 있다. 여행 중에 산 것, 각 나라 친구들이 보내준 것, 또 우리나라 친구들이 선물한 것들이다. 전에는 거들떠도 보지 않던 것들이었는데 처지에 따라 사람이 달라진다. 여행지에서 무료로 주는 차도 모두 모아다 놓으니 더욱 다양한 차가 준비되었다.

좀 일찍 온 수강생이라면 두 번째 서랍에 있는 컵받침을 써도 된다. 색색 무명 조각을 이어 손으로 만든 것과 광목에 무지개를 누빈 것과 광목에 모두 다른 꽃수를 놓은 받침들이다. 내가 만든 것도 있고 주문해서 맞춘 것도 있다.

요즈음은 보이차가 가장 인기가 좋다. 아마 방송에서 내장에 낀 기름을 빼서 살이 빠진다고 하여서 그런 모양이다. 일회용으로 작게 빚은 것보다는 떡처럼 크게 빚은 차를 잘 우려내 함께 마시면 넉넉한 마음이 전해진다. 간혹 어떤 엄마는 "이것 마십시다" 하고는 자신이 나서서 만들어 여럿에게 따라주며 언니로 여유를 부리기도 한다.

이슬차도 좋다. 수국으로 만든 차인데 달콤하다. 어떤 엄마는 국화차를 고집한다. 블로그에서 보고 엄마학교에 가면 국화차를 마셔야지 하고 별렀다며 4주 내내 국화향만 음미하다 가기도 한다.

국화차는 위를 보한다고 서양 사람들도 즐기는 차다. 향기가 유난한 재스민차, 라벤더차, 연둣빛 찻잎이 그대로 살아나는 용정차, 부드러운 레몬차, 덤덤한 현미녹차, 떨어지면 엄마들이 미리 준비하는 '3박자 커피'도 있다. 아, 초봄에 더욱 향기로운 쑥차도 매력 있다. 가장 귀한 차는 뭐니 뭐니 해도 백연잎차다. 갖은 맛과 향으로 오감을 자극하는 맛이 일품이다. 색이 진해 광목 컵받침을 볼품없이 물들이기도 하지만 그만한 가치가 있다. 나름대로 기분 따라 취향 따라 날씨 따라 맘껏 골라먹는 재미가 쏠쏠하다. 보는 맛도 좋다.

최고의 호사는 화장실

엄마학교 최고의 호사는 화장실에서 누린다. 다른 물품들은 다 가게에서 돈을 주고 사거나 맞춘 것들이다. 하지만 화장실 것은 모두 내가 직접 수놓고 만든 것이다.

워낙 꽃을 좋아하는데 양귀비는 특히 사랑하는 꽃이다. 고졸한 가지 끝에 그리도 화려한 꽃이 피는지. 게다가 종잇장처럼 얇고 쪼글거려 조화로 착각할 때가 한두 번이 아니다. 색색의 양귀비가 다 곱지만 그래도 화장실엔 빨강이 제격이다. 그냥 빨강은 아쉬워 사이사이 짙붉은 색으로 음영을 두었다.

꽃봉오리와 반만 핀 것을 섞으니 엄마, 아빠, 아이가 함께 어우러진 듯 다정하다. 한 부모 가정이어도 좋다. 서로 기대어 살피고 보듬어 행복을 꾸리는 모습 같아 좋다. 엄마는 엄마대로, 아이는 아이대

로 자기 본연의 모습을 간직하면 조화롭다. 더욱 빛이 난다. 보는 이
도 흥겹다. 길을 가다 만나는 젊은 가족이 서로 보듬고 살피는 모습
이 좋아 오래도록 본 적이 있다. 가슴 뭉클하도록 좋은 기분이 든다.
화장실, 양귀비에 그런 느낌
을 담았다.

하나밖에 없는 것의 아름
다움을 아는가. 다 달라서 세
상 하나밖에 없어서 더욱 귀
한 것. 이 세상 귀하지 않은
존재는 없다. 더군다나 엄마
들은 귀한 생명을 키우는 존
재들이니, 이렇게 귀하디귀한 엄마들을 위한 학교를 다른 곳에서 살
수 있는 것, 다 똑같은 것으로 꾸밀 수는 없었다. 그래서 직접 만들고
수놓아 하나밖에 없는 사랑스러운 물건을 내놓은 것이다.

한때 잠깐 유화를 배운 적이 있다. 멋모르고 그림을 그릴 때이니
자연 남의 그림을 유심히 살피는 습관이 생겼다. 한 화가가 그린 장
미를 보았는데 새순이 붉었다. 다른 그림들도 예의 붉은 새순이 그려
져 있었다.

그해 봄부터 뜰의 장미를 들여다보기 시작했는데, 정말 꽃도 아닌 이파리가 붉은 핏빛 새순으로 나는 것이었다. 다른 식물도 살피니 새싹이 붉은 게 한둘이 아니었다. 특히 청룡매화 싹은 마치 꽃처럼 붉었다.

꽃을 좋아하니 온통 꽃그림만 그렸다. 잘게도 그리고 커다랗게 확대하여 화폭 가득 한 송이만을 담기도 했다. 참 신기한 게 자세히 살펴보니 그간 내가 알고 있던 꽃이 아니었다. 흰 줄만 알았는데 회색빛이 숨어 있고 푸르기도 했다. 어두운 물을 보니 보랏빛이 비쳤다. 한 가지 꽃도 모양과 크기가 다 달랐다. 벚꽃 잎이 동그란 줄 알았는데 여기저기 뾰족하고 크기며 생김새가 다 달랐다. 다 다른 걸 보니 특별했다. 어느 것 하나 더 낫다고 할 수 없이 모두 특별했다.

우리가 알고 있다는 것, 보고 있다는 것이 사실은 얼마나 한정적인지, 매일 손을 보지만 손에 난 털도 못 보고 땀구멍도 못 본다. 병균이며 잔주름도 보지 못한다. 그런데도 못 보는 것을 없다고 한다. 해가 서산에 넘어갔다고 없는 게 아닌데 말이다.

좋아하는 양귀비를 수놓으려 생각하고 막상 그림을 그리려니 자신이 없었다. 그래서 양귀비를 세심히 들여다보니, 그동안 내가 알고 있던 양귀비가 아니었다. 얼마나 좋아하던 꽃인데, 그림으로도 실물로도 그렇게 많이 봐왔건만…. 그간 내가 알고 있던 양귀비는 무엇이었을까? 참으로 모호하게 알고 있었던 것이다. 수놓고 나서 이제는 양귀비를 잘 안다. 눈을 감고도 그릴 수 있다. 양귀비 변기덮개 수놓기를 배우는 엄마들은 서로 다투며 화장실로 변기덮개를 다시 보러 다닌다. 몇 번을 본 것들임에 스쳐 보다가 뭔가를 만들려 하니 그제야 더욱 궁금한 거다. 그렇게 알아가야 한다.

사람도 마찬가지다. 자신이나 남편, 또 아이에 대해서 우리는 얼마나 알고 있는 것일까? 양귀비를 들여다보듯 남편이나 아이도 잘 들여다보아야 참모습을 알게 될 것이다.

비단 쓰레기통

큰아이가 국제행사에 참여했다가 태국 친구에게 비단 주머니를 받았다. 아이가 행사에 다녀오면 나는 옆에서 짐 푸는 일을 구경하며 못 다한 이야기를 나눈다. 오랜 시간 집을 비운 아이가 각 나라의 풍물이 담긴 물건들을 보여주는 것은 뭐든 살피길 좋아하는 엄마에게 주는 선물이다. 사실 다 합쳐도 몇 푼 나갈 것도 없는 자질구레한 것들이 대부분이다.

어느 날 아이는 보라색을 좋아하는 엄마에게 비단으로 만든 주머니 하나를 슬며시 내밀었다.

"엄마 쓰세요."

예쁘긴 하지만 태국의 고급 수직 비단으로 만든 물건을 도대체

무슨 용도로 쓸까 망설이다 침대 곁에 두고 먼지를 담기로 했다. 날마다 고운 먼지만 채울 뿐 비어 있던 것이 엄마학교의 쓰레기통이 되었다. 차 마시고 난 찌꺼기를 담는 그릇이 된 셈이다.

"선생님, 이게 쓰레기통이에요?"

엄마들은 대부분 쓰레기통이라고 가르쳐줘도 못 찾는다. 비단 쓰레기통이라니 호사도 이런 호사가 없다.

고운 옷 입고 고운 엄마를 맞이해요

한복을 즐기긴 해도 엄마학교에서 입을 생각은 없었다. 한옥에서 한복마저 입고 앉아 있으면 딱 한복 짓는 이처럼 보일까봐서다. 한복 짓는 사람이 싫은 건 아니지만 그건 내 모습이 아니니까.

하지만 엄마학교를 열던 날과 강의를 시작한 한 주간은 자축하는 의미에서 한복 느낌이 나는 고운 옷을 입고 사람을 맞았다. 수가 놓인 꽃 저고리가 있긴 한데 너무 차려입고 앉았으면 오는 이들이 부담스러울 것 같아 말았다. 마침 그럴 때 입을 만한 옷이 있었다. 여름비단, 옥사로 만든 화려한 조각치마와 흰 블라우스다. 그걸 입으니 보는 이마다 밝은 탄성을 터뜨렸다. 이 옷만 입고 나서면 길 가던 사람들도 나를 잡아 세운다.

이 옷은 원래 내 것은 아니었다. 멋 내기 좋아하던 한 언니가 멋

을 나눈다며 한복집을 냈다. 원대로 옷을 해 입히니 입히는 사람이나 입는 사람들이 좋아라 했다. 그런데 한껏 잘 입혀 시집을 보내놓으면 새색시들이 집들이하는 날 청바지를 입고 나타났다. 불편은 발명을 낳는다고 그게 안타까워 이 집들이용 조각치마를 만들었다. 한복집에서 날마다 나오는 자투리를 활용하여 만드니 일거양득이었다. 그런데 이 옷은 조합이 너무 야해 어쩔까 하던 참에 내 눈에 들어온 거였다. 내가 나를 위해 맞춰도 이만큼 마음에 뜨는 것이 나올 수 있을까 싶었다. 내가 모두 좋아하는 색에다 색색 조화가 기막혔다. 마음에 드는 정도가 아니라 아주 쏙쏙 들었다. 흰 모시 블라우스와도 잘 어울리는 게 딱 내 옷이다.

아이들에게 제 뜻대로 뭐든 입고 다니게 하였지만 명절에는 되도록 한복을 입혔다. 옷에 따라 사람의 매무새며 행동거지가 달라지기 때문이다. 그랬더니 커서도 아이들이 먼저 나서서 입었다. 큰아이는 국제행사에 나갈 때마다 당의를 입고 아얌을 쓴다. 스무 살 성년이 되던 해엔 그 차림으로 학교에 가기도 했다. 작은 아이는 고등학교 때 정장을 입고 졸업을 한다니까 한복도 정장 아니냐며 자신은 한복 입고 졸업식에 가겠다고 했다. 두루마기까지 갖춰야 한다기에 흑혜까지 갖춰 신겼더니 졸업식장 무대가 한복으로 빛났다.

인사동 화랑 전시에서 산 조끼

우리 옷 분위기가 나지만 청바지와 더 잘 어울린다.

외국 명품보다 한결 멋진 옷을 입으니 좋다.

멋도 더하고 우리 젊은 작가도 키우는 일거양득 옷이다.

나의 소비생활이 나 혼자만의 생활이 아니다. 누군가를 키운다.

기원하는 아침

엄마학교용 청소도구다. 뭐 청
소도구까지 유난스레 따로 장만하
나 싶겠지만 달리 준비하니 쓸 때
마다 좋긴 하다. 일부러 마련한 건
아니다. 우연히 손으로 만든 도구
를 파는 곳에 들렀다가 이 두 개를
발견하고는 단번에 샀다.

손으로 친친 처매 만든 빗자루
가 정겹다. 두 손바닥 위에 바로 올
라올 만큼 작은데, 잘나면 잘난 대

2장 | 엄마의 자리에서 호사를 누려요

로 못나면 못난 대로 제구실하듯 살림이라는 게 아무리 작아도 제값은 다 한다. 모임방도 작고 차방도 작으니 안성맞춤이다.

보자기만한 작은 뜰, 무슨 검불 하나 떨어질 게 없는데 빗자루질이 필요하랴 하겠지만, 절로 되는 것이 없듯이 학교 마당도 손이 가야 태가 난다. 그래서 매일 아침 엄마들이 오기 전 먼지 날리지 말라고 물뿌리개로 물을 뿌리고 이 갈퀴로 굵은 모래를 고른다. 바닥에 결이 살아 곱다. 결을 고르며 기원한다.

여기 오는 엄마들 오늘 하루도 기쁨과 희망 속에 살게 하고, 나 또한 교만하지 않고 힘들다 하소연하지 않고 모든 엄마를 다 같게 대할 수 있길….

암팡지게 꽃수 놓인 앞치마

옥양목 뽀얀 천과 붉은 양귀비가 대조적이다. 일을 하더라고 곱게 입고
야무지게 하자는 다짐으로 만들어 입었다.

아빠의 50돌, 다 함께 즐겨요

2005년 11월 5일은 남편의 50번째 생일이었다.

첫돌도 아니고 일생 매해 찾아오는 생일을 일일이 유난하게 기억할 것은 없으나 50번째이니 50년을 산 남편의 일생을 정리해보기로 했다. 그래서 아이들과 함께 유난한 남편 생일카드를 만들었다. 보통 가게에서 파는 그림카드가 아니라 우리가 아는 남편이자 아빠의 모든 것을 적은 서사시 같은 두루마리 카드를 만들었다.

계획을 짠 우리는 생일 일주일 전부터 날마다 컴퓨터 앞에서 남편과의 추억을 더듬었다. 혼자 오롯이 앉아 기억해내기도 했지만 딸, 아들과 같이 앉아서 하는 게 더 재미있었다. 대체로는 너무 우스운 기억이 많아 배가 아파 우느라 고생을 했다. 눈물을 줄줄 흘리도록 웃어 글자가 흐려질 때가 한두 번이 아니었다.

남편이 좋아하는 음식, 좋아하는 일, 외모적 특징을 나열했다. 남편은 보기만 해도 기분이 좋아지게 하는 사람이다. 무슨 내용을 써도 웃음이 배어나왔다. 남편이 좋아하는 일은 무엇일까? 남편이 이 세상에서 가장 잘하면서 좋아하는 일은 건축설계 말고 또 무엇이 있나 살폈다. 외모적 특징, 오래도록 봐서 내게 너무나 익숙한 그 모습을 새삼스레 객관적으로 정리하자니 조금 난감했다. 거울로나 보는 내 얼굴보다 더욱 많이 본 얼굴이니까. 그래서 부부는 서로 보며 살아가기에 결국엔 닮나보다.

남편은 꼭 어린아이처럼 천진난만하다. 장난기가 발동하면 못하는 일이 없다. 남편의 상상력에는 한계가 없다. 그래서 그를 떠올리면 웃음이 절로 나는가보다. 때론 엽기 수준이다. 주특기는 창조적 망각이다. 남편은 자신의 일 이외에는 기억하는 것이 거의 없다. 거의 메멘토 수준이다. 하루는 밤늦게 TV로 영화를 보는데 몇 달 전에 본 영화였다. "왜 또 봐?" 하고 물으니 끝까지 기억이 안 난단다. 그러면서 하

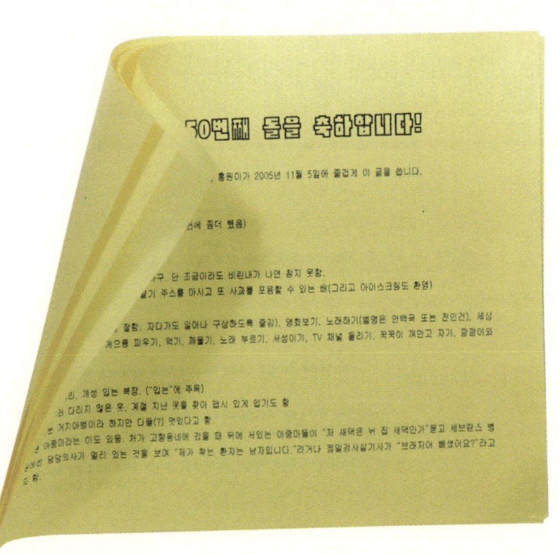

   2장 | 엄마의 자리에서 호사를 누려요

는 소리가 "그래서 내가 당신이 날마다 새 여잔 줄
알고 이렇게 좋아하나봐" 하며 너스레를 떤다.
입 꼭 다물고 과묵하던 그가 종달새 아내와 살
며 이렇게 달라졌다.

첫 기억, 엊그제 같은데 20여 년이 지난
기억이다. 아이들은 자기네가 태어났을 때를 어떻게
기억하느냐고 이의를 달았다. 가장 어린 기억이 첫 기억 아닌가? 아
이들은 어렸을 때 기억 중에서 더 오랜 기억을 찾으려 추억을 더듬고
있었다.

카드를 읽는 본인보다는 정작 카드를 쓴 우리가 더욱 즐겁고 행
복했다. 누리는 시간이 우리가 더욱 길었으므로. 사랑받기보다는 사
랑하는 것이 더 기쁘다는 의미를 알 듯한 행복한 시간이었다.

자신에게 상을 줘요

한국에서 주부로 산다는 건 참으로 어려운 일이다. 가정을 재생산의 공간으로 안락하게 꾸리고 철철이, 때마다 음식을 준비하고 아이들을 잘 기르고 집안 대소사를 챙기며 어른 노릇을 해야 한다. 돈을 관리하고 시간을 쪼개내 발전도 꾀해야 한다. 이 많은 일을 닥치는 대로 잘 해내는 주부들을 보면 참으로 용하다는 생각이 든다.

나 역시 참 용하다. 생각해보면 정말 잘 살아왔다. 손 가지 않고도 사례발표를 할 정도로 잘 자란 아이들. 학생 신분으로 만나 대학원 졸업하고 건축가가 된 남편. 졸업논문을 쓸 때는 논문을 정리해주고 건축사시험 볼 때는 삼시 세 끼 밥을 챙겼다. 도움 받으러 집으로 찾아온 동료들의 끼니도 물론 잘 대접했다. 결혼하던 날부터 함께 살던 시누이 역시 약사 시험을 준비하는 기간에 똑같이 해댔다. 부른

배 위에 또 한 아이를 안고 한 일들이었다.

무엇보다 한살림 일은 또 얼마나 잘 해냈는지. 처음 한살림을 할 때 인물이 없어서 회원이 되자마자 뭐든 다 맡아 했다. 격주로 소식지 만드느라 날밤을 새우고 차비, 자료비 등 활동비가 드니 밖에서 강의하거나 원고를 써서 돈을 벌어 한살림 일을 했다. 점차 내 밥상 잘 차리는 일에서 나아가 이웃의 밥상이 차려지고 있는지 살피는 일을 하자고 결식아동기금이나 북한동포 돕기, 아프가니스탄 난민 돕기를 위해 글을 쓰고 모금을 하던 일. 평화는 평화로울 때 지켜야 하는 것을 일깨워준 위안부 할머니들의 문제를 들여다본 일. 그 일을 계기로 수요시위를 진행하며 다른 사람과 모든 자연의 평화를 꿈꾸게 되었다.

8년 전 15년 동안 살아온 길을 돌아보니 나 자신에게 상을 주어야겠다는 생각이 들었다. 잘 해냈으니 뭔가 좋은 선물을 내게 주고 싶었다. 그래서 진주알 열한 개로 만든 나무 모양 브로치를 내 것으로 만들었다. 한살림 운동 10주년을 기념하고 11년을 향해 나아가는 내 모습을 상징하는 것이었다.

엄마학교 화장실엔
잠금장치가 없다.
대신, 문에 달린 '비었어요'와
'저 안에 있어요'라는
표식을 이용해야 한다.
화장실을 사용할 때
'저 안에 있어요'를 표시하지 않고
들어간다면 난감해진다.
화장실에 사람이 있는데
벌컥 문을 열게 되어,
연 사람도 안에 있는 사람도 당황할 수 있다.
아이를 키울 때에도 이와 마찬가지로
마음을 표현하는 것이 좋다.
화가 나면 화가 났다고 표현하는 게 좋다.
사람은 말하는 동물이니 말로 해야 한다.

아이 마음을 읽으면 육아가 즐거워요

03장

다 다른 것의 재미를 느껴요

방석엔 부귀영화의 상징인 모란과 해탈, 자기승화의 상징인 연꽃만 그려 넣었다.

아이를 기르며 날마다 온갖 부귀영화가 부럽지 않은 기쁨을 맛보라는 뜻으로 모란을 택했다. 또 아이를 기르다 보면 참을성을 기르고 용기를 배우며 대범해지니, 득도의 길이 따로 없다 생각했다. 그 과정을 잘 겪으면 해탈에 이르게 된다는 뜻에서 연꽃 문양을 골랐다.

간혹 엄마학교 책을 읽은 사람들과 내 강의를 들은 엄마들, 대담을 하는 기자들은 그런다.

"선생님, 도사 같은 말씀을 하시대요?"

아이 기르며 24년을 날마다 마음을 닦았는데 도사가 되지 않을 수가 있을까? 도사가 안 되었다면 그건 그릇된 방식으로 뭔가를 한

것이다. 정말 아이 기르는 법에 한해서는 도사가 된 기분이다. 도사가 되었으니 이제 하산하여 '엄마학교'에서 후학을 만나는 것이다.

엄마학교 방석 가운데 똑같은 방석은 하나도 없다. 비슷한 것은 있어도 똑같은 것은 없다. 우리는 때로 '나 같으면 이랬을 텐데…' 하며 다른 사람을 타박한다. 그 사람은 내가 아닌데, 나처럼 생각하고 행동하기를 기대한다. 터무니없는 일이다. 만일 우리가 나처럼 생기고 나처럼 생각하고 나처럼 말하는 사람을 만난다고 생각해보라. 기겁할 일이고, 끔찍한 일일 것이다.

엄마들 중에는 자기 아이를 다른 아이와 비교하며 자꾸 불행해하는 사람들이 많다. 비교하려면 다 비교할 것이지 꼭 공부 쪽으로만 비교하는 게 문제다. 예전에 공부 꼴등이라며 밖으로 돌리는 아이가 우리 집에 왔는데 살펴보니 잘생긴데다 인사를 잘했다. 그걸 칭찬했더니 아이 얼굴에 웃음꽃이 피어 더욱 화사해졌다.

사람은 저마다 다르다는 것을 인정하고 아이를 들여다보라. 곳곳에 숨어 있던 아름다운 면모를 발견하게 될 것이다. 더구나 사랑하는 내 아이가 아닌가. 내 입장이 아닌 아이 입장에서 들여다보면 아이의 행동에 나름대로 이유가 있다는 것을 이해하게 될 것이다.

보이지 않는 것까지 헤아려요

꽃방석을 뒤집어보면 다른 세계가 나타난다. 어떤 것에는 봉오리, 어떤 것에는 연밥, 개구리, 물고기가 그려져 있다. 나는 그저 각기 좀 다른 모양의 봉오리를 원했는데, 다양한 것을 좋아하는 내 마음을 알아차린 작가가 머리를 싸매더니 새로운 창조를 해낸 것이다. 덕분에 활짝 핀 꽃의 뒷면에 상상할 수 없는 다른 세계가 나타나게 되었다.

엄마학교 엄마들에게 꽃방석을 보여주면서 아이의 마음을 읽는 방법을 안내한다. 버럭 화내는 아이의 이면에 작은 봉오리 같은 여린 마음이 숨어 있음을 읽자는 제언이다. 그 마음을 읽으면 화가 나지 않게 되고, 아이를 키우며 가장 힘들다는 '화 참기'가 된다. 컴퓨터에 몰두하는 아이의 이면을 읽으면 학교생활이 힘들거나, 친구관계

가 복잡하거나 하는 말 못할 고충이 있다는 것을 알게 된다. 유치원 가기 싫다고 떼쓰는 아이의 이면에는 유치원 선생님의 부당한 대우에 대한 두려움이 숨어 있다. 때로는 입으로 하는 말보다 몸으로 하는 말에 귀 기울여야 한다.

하나 더, 아이는 아직 활짝 꽃 피울 봉오리임을 잊지 말자.

딸의 초등학교 1학년 담임선생님은 발표만 시키면 아이가 모깃소리를 낸다며 발표력 없는 딸을 걱정하셨다. 모기처럼 앵앵거리는 것이 아니라 모기같이 작은 소리를 내서 아무리 귀 기울여도 도저히 그 뜻을 알아차릴 수 없다고 말씀하셨다. 나는 그 말을 듣고 놀라지도 걱정하지도 않았다. 부족하니까 배우러 학교에 다니는 것이라고 생각했기 때문이다. 그래서 선생님께 부탁드렸다.

"학교에서 말하기 듣기 배우잖아요. 잘 부탁합니다. 저도 노력하겠습니다.".

아이 손을 붙잡고 집으로 돌아오며 생각했다.

'이건 3년짜리 프로젝트, 3년 뒤엔 나아지겠지.'

30여 명을 가르치는 선생님께 전적으로 내 아이를 의지할 수는 없다. 그 선생님이 훌륭한 분이라는 걸, 편애하여 내 아이만 집중해서 돌보실 분이 아니라는 걸 알았기에 더 기대하지 않았다. 대신 3년짜리 프로젝트를 시작했다. 아이가 무슨 말을 하면 등 뒤로 듣던 버릇을 없애고 아이와 눈을 맞추고 바로 보았다. 아이에게 차차 큰 소리로 말하게도 시키고 바로 서서 말하게도 시키고, TV 옆에서 발표하듯 말하게도 시켰다. 아이가 기대에 미치지 못해도 화를 내지 않았다. 3년 뒤엔 좋아질 아이가 내 앞에 있으니 화낼 일이 아니었다.

다음 해에도 담임선생님께 발표력 부족이라는 판단을 받았지만 모깃소리라는 말은 듣지 않았다. 3학년 땐 활달해졌고 4학년 땐 학급임원을 하였다. 5학년 땐 연극을 했고 중학생이 되어서는 전교 회장선거에 나서기도 했다. 고1 때는 여의도 광장에서 세계청소년축제 개막선언을 하는 학생이 되었다. 아이에게 모깃소리는 더 찾을 수 없었다.

지금, 아이의 모습은 완성된 모습이 아니다. 완성되지 않았기에 키우는 재미가 있는 것이다. 아이는 연속극처럼 날마다 크는 것을 보여주는 요술단지다.

웃음이 묘약이에요

간혹 아빠가 엄마학교 학생으로 오기도 한다. 늦둥이 아들의 아빠, 손자를 돌보게 된 60대 할아버지, 아내 대신 육아휴직을 한 아빠, 신혼의 예비 아빠도 있다. 그래도 엄마학교는 대부분 여자들만의 공간이다. 그런데 여인 천하에 다른 성이 하나 끼어 있다. 바로 화장실 세면대 위에 놓인 비눗갑이다.

욕조에 여우가 홀딱 벗고 누워 있는 모양인데, 손을 씻으려 비누를 드는 순간 엄마들은 배꼽을 잡는다. 기겁할 정도는 아니고 즐거운 비명이 터져 나온다.

간혹 "늑대가 남자지 무슨 여우가 남자예요?"라고 묻는 엄마도 있다. "아니 왜 여우는 수컷이 없나? 피노키오의 여우는 남성인 것 같은데…." 여하튼 홀딱 벗은 여우 덕분에 엄마학교에서는 자주 웃

음이 터진다.

이렇게라도 자주 웃으니 좋다. 웃음만 한 묘약이 없다고 하지 않던가. 아이들이 아름다운 이유도 하루에 300번이나 웃어서 그렇단다. 어른은 30~40번 웃고, 그나마 남자는 그 반도 안 웃는단다. 그래서 살면서 점차 미운 얼굴이 되는 모양이다.

하긴 아이랑 살면 웃음이 적어 걱정할 필요는 없다. 아이 있는 집은 날마다 웃음꽃이 핀다. 아이들의 우스꽝스러운 행동에 엉뚱한 발언까지 보태 웃음보가 터진 적이 한두 번이 아니잖은가. 간혹 어떤 엄마는 혼자 웃기 아까운 이야기를 내게 보내온다. 아이와 집을 나섰는데 주차장에 차가 없자 아이가 엄마한테 "엄마, 우리 차 없네" 하기에 "아빠가 끌고 갔지" 했더니 "우와, 아빠 힘, 진짜 세네" 하는 식이니, 아이의 기발한 상상력에 웃지 않을 수 없다.

돈도 안 드는 묘약 활짝 웃기, 자주 해야겠다.

저, 안에 있다고 말해요

엄마학교 화장실엔 잠금장치가 없다. 대신, 문에 달린 '비었어요' 와 '저 안에 있어요' 라는 패를 이용해야 한다. 화장실을 사용할 때 '저 안에 있어요' 를 표시하지 않고 들어간다면 난감해진다. 화장실에 사람이 있는데 벌컥 문을 열게 되어 연 사람도, 안에 있는 사람도 당황할 수 있다.

아이를 키울 때에도 이와 마찬가지로 마음을 표현하는 것이 좋다. 화가 나면 화가 났다고 표현하는 게 좋다. 사람은 말하는 동물이니 말로 해야 한다.

"나 지금 화났어. 네 행동 때문에 화나는데 참고 있는 거야."

화가 났을 때 벌컥거리고 소리를 지른다고 아이가 알아듣던가? 천만의 말씀이다. 아이를 타이를 목적이라면 말로 주의를 주는 것이

더 효과적이다. 아이가 말하기 듣기를 배워 익힐 때처럼 조곤조곤 말로 설명해야 한다.

간혹 제 아이를 가리키며 "얘가 떼쟁이예요" 하며 하소연하는 엄마들이 있는데, 만일 내가 그 엄마를 보고 머리 나쁘다, 바보라고 하면 어떤 기분일까? 분명 분개할 것이다.

어린아이라고 함부로 험담을 하는 것은 옳지 않다. 우리 작은 아이는 참으로 많이 찡찡거렸는데, 나는 그 아이를 씩씩이라 불렀다. 짜증 섞인 목소리로 말을 걸어오면 "우리 잘난 총각, 우리 씩씩이 예쁘게 말하자" 하고 거듭 타일렀고, 그 사이사이에 "이렇게 말하면 엄마가 기분 좋아. 이렇게 하면 싫어"라고 엄마의 기분을 말로 알렸다. 웃으며 내 지극한 기원을 알렸다. 그렇게 말하다보니 내가 더욱더 부드러워졌고, 아이는 점차 씩씩하게 자라 거꾸로 엄마를 어르게 되었다. 다시 한 번 말하지만 화가 나면 차라리 말을 하자. 나 화났다고.

에머슨의 시처럼 살고 싶다. 건전한 아이를 낳든 한 뙈기의 정원을 가꾸든 조금 더 나은 곳으로 만드는 것이야말로 인생의 성공이라는 것. 아이의 짜증을 부드럽게 살피는 엄마, 분명 성공한 엄마다.

날마다 조금씩 꾸준히

'엄마학교' 지하실 한편엔 푸른 담쟁이 벽이 있다. 지하 공간을 좀 생기 있게 보이려 천으로 만든 담쟁이를 벽에 붙였는데, 그보다 더 중요한 것은 담쟁이 이야기를 하고 싶어서였다. 담쟁이덩굴 한가운데에는 이렇게 써넣었다.

담쟁이에게 물었다.
"그렇게 작은 손으로 어떻게 높은 벽을 타니?"
담쟁이가 말했다.
"날마다 할 수 있는 만큼 올라가. 조금씩, 조금씩."

덩굴손은 마치 점처럼 작다. 그런데 넓은 담을 타고 높은 건물을

오른다. 쉬지 않고 날마다 할 수 있는 만큼 조금씩 올라 높은 담을 타는 것이다.

엄마들은 그런다.

"좋은 엄마 되기, 어제는 되었는데 오늘은 안 돼요. 사흘은 화를 안 내고 참았는데 그다음엔 폭발하여 지옥도를 그리고 살아요. 그게 제 한계예요. 저는 안 되나봐요. 선생님은 특별해요."

말도 안 되는 소리다. 뭐든 하루아침에 되는 건 없다. 하루아침에 신데렐라가 되었다고? 그 또한 보이지 않는 준비가 있었기에 가능했다. 담쟁이처럼 하루하루 쉬지 않고 노력할 때 높이 오르게 된다. 걸음이 너무 느리다고, 넘어야 할 담이 높다고 한탄할 필요도 없다. 그런다고 담이 낮아지던가. 욕심 내지 않고 할 수 있는 만큼만 꾸준히 오르는 것이 중요하다. 누가 오르지 않는다고 참견할 필요도 없다. 그는 내가 아니기 때문이다. 각자의 일은 각자의 몫이므로 대신 올라갈 수 없다.

나는 아이들을 키우면서 화가 날 때마다 아이가 내 곁에 살아 있음에 감사하고 아이들이 짜증낼 수 있도록 건강함에 감사했다. 처음에는 의도적으로 '그래, 내 아이가 내 곁에 있어. 그로 만족해야 해. 그것으로 충분해' 하고 되뇌었지만 날마다 부단히 그런 마음가짐으로 아이를 대했더니 점점 아이를 대하는 마음에 여유가 생겼다. 작은 담쟁이 손으로 넓은 담을 타듯 점같이 작던 내 마음이 담장만큼 넓어진 것이다. 그렇게 되니 어지간한 일로는 놀라지도 당황하지도 않아 허둥대지 않게 되었다. 무슨 일이든 여유롭게 풀 수 있었다.

점을 꾸준히 찍으면 선이 되고 선을 꾸준히 그리면 면이 된다. 그러다보면 인생이 꿀맛처럼 달콤해진다.

기다림의 미덕

유리 공예로 유명한 이탈리아 무라노글라스에서 만든 문방구를 마련했다. 한 선배가 학교 문 열던 날, 돈봉투를 주기에 그것으로 의미 있는 무엇인가를 사야겠다는 즐거운 고민을 하다 이걸 골랐다. 이 유리펜으로 글씨를 쓰면 시간이 지나도록 기다려 글자가 말라야 책장을 덮을 수 있다. 사인을 해주면 엄마들은 책장을 덮지 못하고 호호 불고 다닌다.

아이를 키울 때에도 기다리는 미덕이 필요하다. 서둘러서 그르치는 게 얼마나 많은가. 아이 스스로 하도록 칭찬해주며 기다리기만 해도 절로 키울 수 있다. 아니, '빨리빨리' 하며 다그치지만 않아도 성공이다.

넓은 의미에서 교육은 사는 법을 알아가는 것이다. 처음이 시답지 않아 보여도, 아이 스스로 시작하는 게 중요하다. 그러니 부모는 아이를 닦달하지 말고 스스로 시작할 수 있도록 느긋하게 기다려주어야 한다. 아이 자신의 힘으로 시작하면, 의욕이 샘솟아 알아서 공부한다. 그게 아이와 부모, 그 가족 모두의 행복을 위해서 가장 좋은 일이다.

유리펜은 알맞게 잉크를 찍어 글씨를 써야 한다. 글씨를 쓰다가 잉크가 다 되면 또 찍어서 써야 한다. 마찬가지로 아이에게 한 번 잘 대했다고 끝이 아니다. 글을 다 쓸 때까지 잉크를 수시로 찍어야 하는 것처럼 아이가 다 자라 청년이 될 때까지 잘 대해야 한다. 그러다 보면 아이 키우는 맛을 느낄 수도 있고, 내 도를 닦을 수도 있다. 엄마는 아이와 함께 큰다.

잉크 찍어 글쓰기, 번거롭다고 여길지 모르나 사실은 아주 여유롭다. 찍을 때마다 생각을 다시 정리해볼 수 있다. 이 펜은 손에 잡지 않아도 보는 것만으로도 한가하다.

원래의 구성은 유리펜, 문진과 붉은 잉크다. 붉은 글은 왕의 색이다. 그래서 일반인들이 따라 쓸까봐 빨간색으로 이름을 쓰면 죽는다고 알려 일반인이 꺼리는 색이 되었단다. 보통 사람에게 거부감 없는 검은 잉크를 따로 마련했다. 보는 것만 즐기던 붉은 잉크는 어느 날 엄마를 따라온 아기 손님이 다 쏟아버려 지금은 흔적만 남았다. 쓰지 않아 소용없던 붉은 잉크이지만 없어지고 나니 좀 아까웠다. 보는 호사를 그 아이가 날려버렸다.

엄마는 지켜보며 힘을 주는 사람

문진은 종이가 날리지 않게 누르는 도구
다. 곁에서 거들며 글을 잘 쓰게 도와주는
구실을 하는데, 아이를 대하는 엄마의 모
습과 흡사하다.

문진은 결코 혼자 글을 쓸 수는
없다. 또 문진이 없다고 글을 쓰지
못하는 것은 아니나 문진이 있으면 바
람이 불어도 안심하고 글을 쓸 수 있다. 엄마가 곁
에서 지켜보면 아이가 힘이 나서 씩씩하게 해내는 것처럼.

엄마의 정성을 새겨요

낙관의 한자를 보면 찍을 낙落, 정성 관款이다. 힘 다해 글을 쓰고 그림을 그리고 나면 온 정성을 들여 낙관을 찍어 마무리한다.

근 30년을 다닌 길인데 한 번도 만나지 못한 곳이 있었다. 안국 전철역 한 귀퉁이에 있는 작은 가게, 바로 낙관을 파는 가게다. 어느 날 길을 잘못 들어갔는데 유리창에 갖은 낙관 찍힌 종이가 가지런히 붙어 있었다. 팔랑이며 내 팔을 끄는 듯하여 들어가니 밝고 낮은 목소리로 자그마한 주인이 나를 반겼다. 찬찬히 살펴보니 도장들이 저마다 모양을 뽐내고 있는 듯했다. 그 기운에 힘입어 '엄마학교' 도장 하나를 부탁했다.

내 도장은 36년 전 초등학교 6학년 때 졸업 기념으로 학교에서 단체로 맞춘 것인데, 아직 그것만 쓴다. 작고 볼품없는 목도장이 싫어서 하나 새기려 하다가도 '통장 많다고 저금이 많나, 도장 좋다고 돈이 많나, 돈 많다고 행복하나' 같은 온갖 궤변을 늘어놓다가 한 번도 새 도장을 갖지 못했다. 다른 형제들은 모양 좋은 것들을 장만하고, 연년생인 동생마저도 바로 다음 해부터 뿔도장을 썼기에 탐낼 만도 했으나 세월이 그냥 흘렀다.

그런데 이제 학교를 연 기념으로 내가 내게 도장을 선물했다. 아이를 정성들여 길러놓았으니 마무리하는 마음으로 만들었다. 하나 만들고 보니 또 하나가 필요했다. 바로 우리 학교에서 좋아하는 말, 또봄날이다. 누구나 또봄날을 꿈꾼다. 또 보는 날, 겨울을 벗어나 또 맞이하는 따뜻한 봄날, '또봄날'이다. 근사한 선물이 되었다.

아이와 함께 수를 놓아요

한창 바쁜 시절, 꽃수 놓은 컵받침을 갖고 싶었다. 그래서 크기와 형태를 그려주고 맞췄다. 예상했던 것보다 더욱 풍성한 꽃수가 놓인 컵받침이 만들어져 왔다. 황홀하여 아이들이 장난감 들고 다니듯 핸드백에 넣어 다니며 보고 또 보고 했다. 집에 오는 손님들도 이구동성 같은 느낌이라 말했다. 그걸 보며 차차 수건, 행주를 수놓아 만들어 썼다. 필요한 것을 내가 구상하고 직접 만들어 쓴다는 쾌감을 아는가?

엄마들과도 양귀비 수놓인 변기덮개와 수 손수건을 만든 적이 있다. 한옥 엄마학교와 수놓는 엄마들이 어우러져 규방의 진수를 보는 듯했다. 엄마들은 "스스로 조신해진다." "도 닦는 느낌이 든다"는 소

  3장 | 아이 마음을 읽으면 육아가 즐거워요

리를 연발했다. 엄마들이 좀 차분해졌으면, 자신이 즐기며 자신의 손으로 집을 예쁘게 꾸미고 살았으면 했는데 계획대로 되었다.

화기애애한 분위기에서 나름대로 수놓기 맛을 보았다. 학교 다니며 가정시간에 선생님께 잘하지 못한다고 구박받고 성적 때문에 신경 쓰던 것에서 벗어나 본인이 쓸 것을 스스로 만드는 것 자체만 즐기면 되니 기쁨이 넘쳐났다. 어린 학생처럼 좋아하며 한 땀 한 땀 수놓아가는 엄마들이 그들이 놓는 수꽃보다 더 예뻐 보였다.

수놓기, 아이와 함께 하면 더욱 좋다. 아이와 머리 맞대고 앉아 꿈지럭거리며 만드는 기쁨, 한 땀 한 땀 만드는 과정에는 환희가 넘친다. 색실이 주는 신비도 같이 느낀다.

아이들이 어렸을 때, 내가 뭘 하고만 있으면 달려들어 자기도 하고자 했다. 그 품이 귀여워 뭐든 하게 했다. 솜씨가 점점 늘어 나중에는 기기묘묘한 것을 만들어내는 재주꾼들이 되었다. 초등학교 2, 3학년 때 사과궤짝으로 강아지 집을 만들고 색을 칠하고 문양을 넣을 줄 알게 되었다. 딸은 제 목걸이를 실로 떠서 만들어 걸고 다니고, 아들은 2학년 담임선생님께 레이스 포푸리를 만들어 선물하기도 했다.

바느질을 하면 아이가 꼼꼼해진다. 어린아이라면 플라스틱으로 만든 바늘로 플라스틱판에 털실 바느질을 할 수 있다. 문구점에서 판다. 좀 자라면 그냥 바늘을 줘도 주의를 기울여 할 줄 안다. 바느질이 주의력을 길러 아이가 꼼꼼해진다.

바느질을 하면 아이가 자신감을 갖는다. 바느질은 쉽다. 누구나 할 수 있다. 꽃수를 놓았는데 크고 작고 들쭉날쭉하는 것 같지만 그래서 재미있다. 세상에 하나밖에 없는 우리 아이표 작품이다. 아이를 칭찬하면 힘이 솟고 자연 자신감이 생길 수밖에 없다.

바느질을 하면 아이가 행복해진다. 아이와 시시덕거리며 즐기는 시간이야말로 무엇과도 바꿀 수 없는 황금 같은 순간이다. 마주 보지 않고 손끝만 보아도 웃음꽃이 핀다. 엄마도 덩달아 행복하다.

감사의 마음은 꼭 전해요

홍원이가 일곱 살 때 남편을 따라 네덜란드에서 잠깐 살게 되었다. 말이 잘 통하지 않는데 응급사태가 생기면 곤란하겠다 싶어 민간요법을 배웠다. 마침 그것을 배울 절호의 기회가 왔다. 다솜한의원 황인태 원장이 한겨레신문에 광고까지 내가며 거의 무료에 가까운 강좌를 열고 계신 거였다. 침, 뜸, 부항, 지압까지 자신의 몸을 스스로 돌보며 귀한 줄을 알아가는 과정이었다.

그 과정을 배우겠다고 온 사람들이 많이 있었는데 민간요법보다는 사람 보는 재미가 퍽 좋았다. 세상에 좋은 사람은 다 모였다고나 할까. 그 가운데 많은 이들은 민족건강회 사람들이었다. 무엇을 하는 곳인지, 어떤 사람들이 모였는지 자세히는 몰랐으나 몸을 잘 돌보고 남의 몸까지 돌보아주는 모임 같았다. 우선 젊은 남자들이 많이 있고 이름이 민족건강회라 패기 있어 보여 좋았다.

과정을 마칠 무렵 함께 산행을 하게 되었는데 가벼운 길이니 아이들도 데려오라고 했다. 집을 나서는데 비가 내리기에 얼굴이나 보고 헤어지겠지 하며 의정부 쪽 도봉산으로 갔다. 아는 사람은 몇 안 되고 다 낯선 사람이었다. 그런데 그냥 조금 올라보자며 시작한 것이 꼭대기까지 가게 되었다.

추절추절 내리던 봄비가 산에 오르며 눈으로 바뀌었고 길은 없어졌다. 앞서 가는 사람들이 계속 길을 만들며 나아갔다. 아이들도 잘 따라갔다. 산이 온통 구름에 갇혀 바로 앞사람 보기도 어려웠다. 안개 속에 있으니 마치 목욕탕에 온 것 같았다. 함께 간 이름 모를 청년들이 아이들한테 "어린데 잘 가네" 하며 용기를 북돋워주고, 쉴 때는 "몸이 어니 따뜻한 것 마셔라" 하며 음료를 건네주기도 하고 "동상 걸리겠다"며 언 발을 싹싹 비벼주기도 했다. 정성을 다해 돌보는 모습이 신의가 환자 대하듯 했다.

산을 내려올 때는 위험하니 내게 자신만 챙기란다. 보도 듣도 못한 아이젠이란 눈 위에 신는 철끈 신을 썩 벗어주고 그분들은 둘이 한 짝씩 나누어 낀다. 미안해서 극구 사양해도 소용이 없었다. 그분들 마음에 들게 내가 신는 게 더 맞다는 생각에 그다음부터는 무조건 두말 않고 뭐든 시키는 대로 따랐다. 우리 아이들은 알아서 데려가겠다며 홍원이를 안고 내려가버린다. 따라가는 내 눈이 바쁘게 성큼성

　　　　　3장 | 아이 마음을 읽으면 육아가 즐거워요

큼 날아가듯 길도 없는 눈 산을 내려간다. 태경이는 두 아저씨가 번 갈아 끼고 가셨다.

우리는 어찌 내려왔나 모르게 산을 내려왔다. 그분들은 내려와서 도 마지막까지 집에 가서 몸살 할지 모르니 쌍화탕 먹이고 따뜻하게 재우라 당부의 말씀을 잊지 않으셨다. 고맙다는 말을 머리가 땅에 닿 도록 했지만 성에 차지 않았다. 고마워서 그런 표현을 하는 것이 오 히려 그 고마움을 폄하하는 기분이 들 정도였다. 그분들은 남 돌보는 게 몸에 배어 있었고 좋은 일 또는 도움되는 일을 한다는 의식조차 안 하는 사람들이었다. 아이들 때문에 그때 같이 갔던 많은 분들이 다 같이 신경을 썼다. 하루 종일 산행을 하는 동안 고되었을 텐데 말 없이 도와주었다. 도봉산이 기분 좋은 산, 사람 좋았던 산으로 남아 있는 것은 다 그분들 덕이다.

아이들은 자고 일어나면 이슬 머금은 이파리처럼 촉촉하다. 자고 만 나면 다시 살아나 생기가 돈다. 이름도 성도 모르는 그 아저씨들 을 그날 왔던 다른 분들께 수소문해서 알아냈다. 고마운 마음은 그때 그때 표현해야 한다는 걸 아이들에게 일러주고 싶었다.

"우리 아저씨들께 편지하자."

"그래요. 그 아저씨 너무 멋있어요. 호랑이같이 산에서 휘익 날았 어요."

"우리 아저씨도 정말 다정했어요. 내 발걸음 맞춰 챙겨주시고."

"아저씨 이름이 뭐야?"

홍원이가 묻는다.

"김광순 님."

"아. 이순신 할 때 '순' 자라서 그렇게 용감하구나!"

"그래 홍원이는 그런 내용으로 쓰자. 태경이는 뭘 쓸래? 혼자 할 수 있지? 다 정리하면 엄마가 봐줄게."

홍원이는 그때 일곱 살이 되었는데 제 이름을 겨우 그렸다. 그래서 하고 싶다는 말을 받아 내가 쓰고 홍원이가 다시 편지지에 옮겨 그렸다. 글씨가 아니니 모양을 보고 그렸다는 말이 더 맞다. 한 자 한 자 그리느라 몇 시간이 걸렸다. 태경이는 읽으면 기분 좋은 감사의

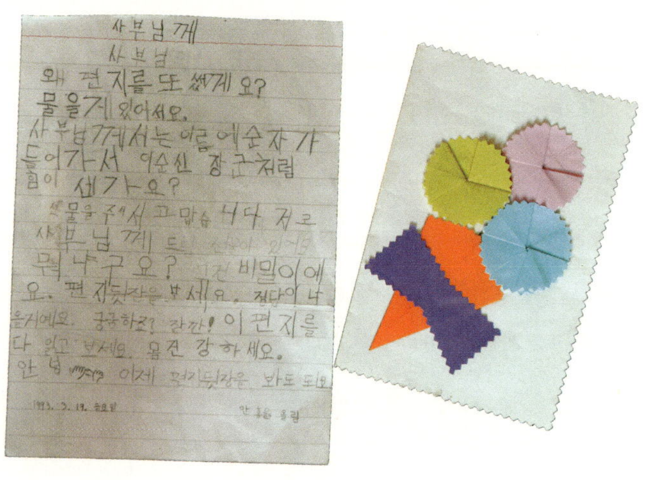

편지를 쓰고 종이로 꽃을 만들어 붙였다.

둘 다 답장을 받았는데 아이들이 좋다고 들고 다니더니 온데간데 없고, 내게 온 고마운 답장만 지금 남아 있다.

몇 년 전 자료를 정리하다 이 편지를 발견하고 수소문을 해서 김병철, 김광순 선생님을 만났다. 김광순 선생님은 그때 홍원이가 보낸 편지와 종이로 접은 카네이션 카드를 간직하고 있다가 우리 가족에게 선물로 주셨다. 홍원이 박물관에 보관되어 있다.

추억을 공유하는 기쁨을 선물해요

앨범이불은 그간 모아두었던 조각 천을 모아 꾸민 이불이다. 멀쩡한 천을 잘라 이어붙이는 것이 아니라 우리 조상들이 해오셨던 대로 쓸모없는 조각을 이어붙여서 만든 친환경적인 조각이불이다.

조각이불에 들어간 천 조각 중에는 아기 태경이와 외할머니가 똑같이 만들어 입었던 원피스도 있고, 친할머니와 같이 입었던 치마 자투리도 있다. 침대와 커튼과 아이 잠옷까지 한 벌을 만들었던 천도 있다. 홍원이가 태어났을 때 쓰던 쿠션이며 이불, 식탁의자 덮개 천까지. 아이가 입던 바지 중에서 무릎이 나오고 엉덩이가 해져 입지 못하는데 발목 부분은 말끔한 것이 있었다. 옷을 버리며 성한 부분은 잘라내 모아두었다.

남 주기를 좋아하는 까닭에 배내옷까지 뭐든 다 남에게 갔으나 자투리 천은 남에게는 쓸모없는 것들이어서 어쩌지 못하고 상자 가득히 남아 있었다. 그 천으로 아이의 일생을 앨범처럼 보여주는 조각 이불을 만들었다. 원피스로, 바지로, 블라우스로 어린아이와 함께 했던 것들로 앨범 속에 들어 있다. 앨범을 보면 나오는 것들이니 앨범 이불이라 할 만하다. 태경이가 17세 되던 해에 만든 이 이불은 엄마와 추억 나누기를 즐기는 태경이에게 딱 맞는 선물이었다. 마무리를 하며 밑단에 글씨를 수놓았다.

17년간 네 곁에 있던 조각 천을 모아 2001년 5월 23일부터 6월 18일까지 사랑하는 딸 태경이를 위해 엄마가 만들고 썼다.

무한불성

　　탯줄 덜 떨어진 아이라 놀림 받던 작은 아이가 승승장구 너무 잘 나가게 되자 약간 염려가 되었다. 그 무렵 친정집 장롱 정리를 하다가 이 글을 발견하고 얻어다 표구를 하여 중2 아들 방에 걸어주었다.

無汗不成
땀 흘리지 않으면 이룰 수 없다.

　　작은 아이는 여러 가지로 엄마를 못 떨어져 힘겨워하던 아이였다. 운동하자면 엄마 치마 뒤로 몸을 숨기던 아이, 학교 가는 게 싫어 갖은 핑계로 속 태우던 아이, 초등학교 입학할 때까지 이름자 겨우 쓰던 아이가 전국소년체전 금메달리스트가 되고 전교 회장이 되고

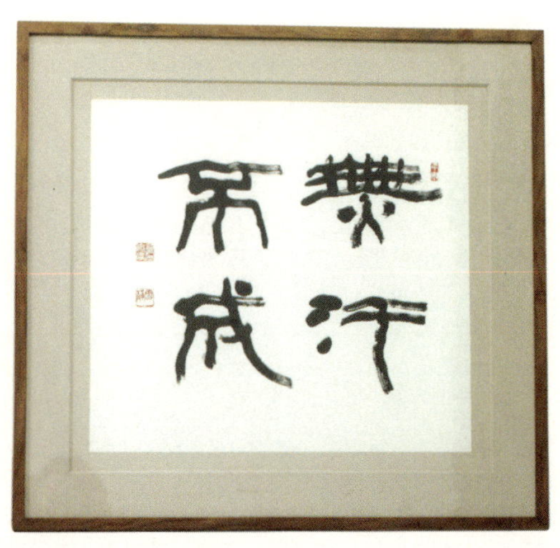

공부도 전교에서 맨 앞을 다투는 아이가 되었다.

　본인이야 무진 애를 쓰겠지만 보통 아이들은 한 가지도 이루기 어려운 일을 한꺼번에 쉽게 해내니 아이가 너무 자만하거나 세상을 얕볼까 싶었다. 그간 많이 놀고 칭찬 속에서 신나게 살아 뭐든 하고자 하는 일을 기쁘게 했기에 내공이 쌓여 가능했겠지만 그래도 사는 동안 힘써 땀 흘리는 의미를 새기길 바랐다. 보통 소년체전에 육상선수로 나오는 아이들은 3년에서 5년 동안 고된 훈련을 견딘 데 반해 우리 아이는 운동장에서 활기 있게 놀았을 뿐 단 열흘도 훈련이라고는 받아본 적이 없었다. 그건 경계해야 할 일이었다.

글을 볼 때마다 다짐하기는 나 역시 마찬가지다. 힘들이지 않고 어떻게 아이를 키우겠는가, 힘들이지 않고 어떻게 나를 키우겠는가.

그러나 아이는 이 글귀가 싫다고 했고 액자는 곧 방에서 치워졌다. 자신이 좋아하는 말은 'no pain, yes gain!' 이란다. 때론 땀 흘리며 고통을 감내해야만 열매를 얻을 수 있다는 내 생각과 달리 아이는 충분히 즐겨야 좋은 결과가 나온다고 생각하는 모양이다. 생각은 경험에서 나오는 것이니 그럴 수 있겠다 싶었다. 아이가 그렇게 말하는 것을 보니 행복이 뭔지 알고 자란 듯싶다. 자신의 삶을 본인의 의지대로 선택하고 일궈가는 아이가 대견스럽다.

이제 이 액자는 엄마학교에 오는 엄마들에게 말을 건다.
무한불성.

아이에게 동갑내기 선물을

청소년의 달, 가정의 달이라고 하는 5월에는 어디에서나 선물잔치가 벌어진다. 해마다 또는 일이 있을 때마다 선물을 많이 받았을 텐데 지금까지 고이 간직한 선물이 얼마나 될까?

잘 살펴보면 정이 담뿍 담긴 선물은 좀처럼 찾기 어렵다. 대부분 불쑥 내게 왔다가 그냥 쉬이 잊힌다. 참으로 아쉬운 일이다. 내가 누구에게 준 선물들 또한 그럴 거라 생각하면 그도 무척 아쉽다.

정리를 잘 못한다는 사람 집에 가보면 물자가 풍족하여, 생각이 모자라서 오가는 길에 덥석덥석 산 물건, 잡동사니는 말처럼 산을 이루고 있다. 그런데도 꼭 요거다, 이것만은 내가 오래 간직하고 있다가 훗날 내 동생에게, 친한 친구에게 혹은 자녀에게 물려줘도 좋겠다 싶은 의미 있는 것들은 찾기가 어렵다. 이제는 선물할 때마다 꼭 필요한 것이거나 오래 기억에 남아 그의 일부가 될 만한 물건을 선택해 보자. 나 역시 그런 것을 받고 싶다.

동갑내기 인형은 어떤가? 어린 시절 받았던 인형을 하나쯤 갖고 있다면 동갑내기 인형이라 말할 수 있다. 내가 어렸을 때는 인형이 귀하여 베개를 인형삼아 보자기로 업고 놀았다. 그러니 내겐 동갑내기 인형이 없다. 하지만 동갑내기 주걱은 있다. 내가 태어났을 때 어머니께서 장만한 스테인리스 스틸 밥주걱이다. 도톰하고 납작한 그 쇠주걱은 내가 기고 걷고 웃으며 자라는 것을 다 지켜봤을 것이다. 어머니께 물려받은 그 주걱은 이제 내 보물이 되었다.

딸에겐 동갑내기 인형이 있다. 아이가 태어난 지 한 달쯤 되었을 때 이모가 선물한 봉제 펭귄인데 볼록한 입과 새까만 눈이 아주 예쁘다. 자라면서 아이는 그 인형에게 애정을 쏟았기 때문에 다른 인형을 욕심내지 않았다. 한창 인형을 밝히는 시기인 여섯 살 무렵에도 굶주린 에티오피아 어린이의 앙상한 몸을 보며 자기가 인형 사는 대신 그 아이들에게 밥값을 보내자고 했다.

어른 손바닥만 한 귀여운 펭귄인형은 처음에는 따뜻하게 해주면 보라색 몸이 분홍색으로 변했다. 스무 살 아리따운 처녀가 된 딸과 달리 너덜너덜 다 떨어진 펭귄은 이제 더는 색이 변하지도 않는다. 심술쟁이 친구들이 살을 잡아 뜯어 볼품없이 변했지만 아이와 함께 자란 펭귄은 우리 가족에겐 그냥 펭귄인형이 아니다. 아이가 웃고 떠들며 자라는 것을 다 지켜본 존재라, 우리에겐 각별하다.

백일 무렵, 내 친구들이 사준 커다란 인형, '치치코'도 마찬가지다. 그래서 우리 아이는 벌써 자기의 분신 같은 존재, 물건 아닌 보물을 갖게 되었다.

몇 년 동안 초등학교에서 어린이들과 환경 보전반 수업을 같이 한 적이 있다. 그때 아이들과 '오래된 물건 자랑하기 대회'를 열었는데, 겉가죽이 다 닳아 속천이 보이는 외삼촌께 물려받은 농구공, 아빠가 학창시절 쓰셨다는 필통, 나무로 깎은 40년 된 머리빗, 엄마가 대학생 때 입었다는 스웨터 따위가 자랑거리로 나왔다. 누가 보아도 그건 분명 보물이었다. 손때가 묻은 그 물건에 그 집의 역사와 전통이 고스란히 배어 있었으니, 다른 어떤 보물에 비기겠는가.

물건에 의미를 부여하여 애정이 생기면 다른 물건을 사 모으지 않게 되어 과소비가 없어진다. 그러면 주변이 넓고 쾌적해진다. 그리고 내 물건을 잘 간직할 줄 알게 된다. 물론 오래된 것만 좋은 것은 아니다. 수년간 내 곁에 있었거나 오랜 시간 정성을 들여 만든 이 세상에 하나밖에 없는 것이라면 모두 보물이다.

나는 아이들이 10년 전에 만들어준 어버이날 선물을 고이 간직하고 있다. 아이들이 며칠 동안 판지를 오리고 닥지를 붙여 만든 다목적 놀이판인데 서랍도 있다. 윷놀이를 할 때 말판으로도 쓰지만 서재에 두고 보고 즐긴다. 보기만 해도 아이들의 사랑스러운 몸놀림이 떠올라 미소가 피어 행복해지는 선물이다.

별처럼 많은 물건 가운데 참으로 귀한 물건이 없는 지금, 눈을 돌려보자. 선물을 정성 들여 만들거나 고르고 의미를 부여해보자. 그러고 나면 다른 물건에 대한 욕심이 사라진다. 그때부터는 물건이 아니라 그 무엇이 된다. 진짜 선물이 되는 것이다.

홍원이와 동갑, 냄비 3형제

홍원이가 태어나던 해에 사서 21년째 애용하는 냄비,
이것으로 아이들에게 음식을 만들어 먹여 길렀다.
좋은 냄비 일습으로 21년간 다른 냄비의 유혹을 받지 않았다.
부엌살림 최고의 연인으로 꼽을 만하다.

여행을 즐기는 비결

남편의 안식년으로 떠난 네덜란드 시절, 우리 가족은 일 년 내내 유럽을 돌아다녔다. 여행이 좋은 것은 새로운 볼거리, 먹을거리, 살 거리가 있기 때문이다. 우리 가족은 색다른 음식에 대한 거부감이 없어 뭐든 잘 먹는다. 교과서에서나 보았던 유적과 길가의 낯선 풍경, 그간 경험하지 못했던 자연, 기후, 인종에 대해 편견이 없기 때문에 낯설어하지 않고 누구와도 잘 어울렸다.

새로운 볼거리와 먹을거리에는 전혀 문제가 없는데 물건을 사는 것엔 익숙하지 않아 고민이었다. 말이 좋아 안식년이고 자비 유학이지 10년간 꼬깃꼬깃 모은 돈을 몽땅 들고 와서 벌지 않고 쓰니 불안한 마음이 그득했다. 다들 싸다고 물건을 사는데 우리는 살 형편이

아니었다. 취향도 아니었지만 뭔가 사지 않으면 왠지 손해 보는 느낌이 들어 이것저것 기웃거렸다. 그래도 살 것이 없었다. 물건을 사지도 않으면서 괜히 시간만 낭비한 것 같았다. 실컷 구경했으니 낭비랄 것도 없었지만 그래도 추억으로 남길 게 필요했다.

우리의 첫 여행지는 프랑스였다. 에펠탑을 보며 뜻을 모았다. 탑을 모으자. 그 나라를 상징하는 탑을 사면 갖고 다니기도 좋고 나중에 우리나라에 돌아갔을 때 장식효과도 있을 것이다.

프랑스에 있는 동안 계속 미술관과 박물관을 다녔다. 일곱 살짜리 홍원이는 로댕의 「천국의 문」이나 「생각하는 사람」 정도는 이해했지만 미술관 안의 모든 조각이 다 재미있는 것은 아니니 그리 좋을 리 없는 것 같았다. 그래도 미술관까지는 그럭저럭 잘 참았는데 '르 코르뷔지에의 집'에서는 따분해 하는 기색이 역력했다. 뭐 이런 평범한 집을 보느냐는 눈치다. 그럴 때마다 우리는 탑을 들먹였다.

"에펠탑 사야지."

우리가 그 말만 하면 아이들은 힘을 냈다. 아이도 탑을 고르느라고 다른 데에는 관심이 없었다. 홍원이는 제 마음에 들지 않으면 절대로 사지 않는다. 꼼꼼한 게 제 아빠 같다. 마음에 드는 탑 하나 사면 세상을 다 얻은 듯 부러워하는 것도 없고, 욕심도 내지 않았다.

물건에 욕심이 없는 태경이는 마음에 드는 것을 발견하지 못했다. 그래도 의젓하게 잘 따라다녔다. 그러다가 스페인 바르셀로나의 람브라스 거리에 와서야 마음에 쏙 드는 것을 발견했다. 보석함이었다. 조그만 종이함에 가우디의 성가족 성당을 그린 것이다. 게다가 무지개 색으로 되어 있다. 종이함을 손에 들고 좋아했다.

서울에 돌아와서 아이들은 기념품을 보며 각 나라를 떠올렸다. 십여 개 조그만 기념품을 보며 일일이 언제 어디서 어떻게 샀는지 줄줄이 꿴다. 예상대로 보석함은 그 나라의 동전함이 되었다.

재미있는 일은 오래도록 즐겨요

태경이가 중3 말에 갑자기 토끼 옷을 만들고 싶다고 하기에 아이를 데리고 동대문 원단시장에 갔다. 물어물어 찾아다니며 회색 털이 북슬북슬한 천을 끊어왔다.

원피스 형 아이 옷을 본으로 재단하였다. 그다음부터는 아이에게 맡겼는데 털이 얼마나 날리는지 온 집 안이 털 천지였다. 집에 있는 재봉틀은 고장 나서 수선집에 가서 오버로크를 쳤다. 머리끝부터 발목까지 오는 토끼 옷이라 엄청나게 큰데다 털 배낭에 털 손장갑 등 작은 조각도 있으니 주인이 번거롭다 해서 기계조작법을 배워 내가 직접 했다.

그 광경을 보던 어떤 아줌마가 혀를 찼다.

"중3이 공부는 않고 그런 것 가지고 씨름하는데 그러는 아이나

사랑 담뿍 받고 자란 옆집 아이

토끼옷 입고 좋아하는 아이의 표정에서 엄마 아빠의
사랑이 보인다.

그런 것 다 들어주는 엄마나 참 대단하네요.”

‘욕인지 칭찬인지.’ 칭찬으로 들어 넘겼다.

“아이가 뭐든 알아서 잘 하니 나도 뭐든 바라는 것은 다 해줘요. 또 그렇지 않더라도 뭐를 하겠다는데 나쁜 일도 아니고 반대할 이유가 없잖아요?”

사람들은 언제부터인지 좋은 대학 보내려고 어린아이들한테까지 공부 타령이다. 그러나 우리는 공부가 전부라고 생각하지 않았다. 대학은 인생의 목표가 아니기 때문이다. 제대로 된 과정을 거치고 그 결과로 대학에 가면 좋을 뿐이다. 실컷 놀다 보면 하고 싶은 게 생기기도 한다.

태경이는 털 천을 날마다 조금씩 음미하듯 꿰매어 제법 그럴듯한 토끼 옷을 만들었다. 아이는 만드는 것을 즐겼고 나는 한 달간 그 일을 하는 아이를 보는 것을 즐겼다. 일을 하는 아이도 보는 엄마도 기뻤다. 아이는 시간이 나면 바늘에 실을 꿰어 손으로 꿰맸다. 천천히 할 만큼 하고 보자기에 싸서 한쪽에 놓아두었다가 다음날 다시 펼쳐서 또 만들었다. 다른 일을 하면서 여유로운 가운데 즐기듯 옷을 만들었다. 과정도 결과도 근사했다.

분홍색 천이 덧대인 귀가 달린 회색모자 옷을 입으면 영락없는 토끼였다. 그렇잖아도 예쁜 아이가

    3장 | 아이 마음을 읽으면 육아가 즐거워요

얼마나 귀여운지…. 이 옷은 아이에게만 기쁨을 주는 물건이 아니었다. 우선 토끼 옷을 입고 거리에 나가면 지나가는 사람들이 길을 멈추고 구경한다. 어떤 아이들은 아예 뒤돌아서서 이 낯선 토끼 옷을 뚫어져라 쳐다본다. 그 아이들은 대개 입을 다물지 못하고 서 있다. 아이는 토끼 옷을 입는 재미보다 그런 놀라는 모습을 보는 맛을 더 즐겼다.

더더욱 좋은 것은 이 옷이 아이만의 옷이 아니었다는 것이다. 누구든 줄만 닿으면 빌려다 입었는데 그 인근의 학교 축제 때는 꼭 이 토끼 옷이 등장했다. 홍원이네 학교 축제에도 여학생 사회자가 빌려다 입었다. 다른 먼 지역으로 출장을 갈 때도 있었다. 그리고 집에 어린아이 손님이 오면 입어보는 옷이기도 했다. 작은 아이들이 어른 크기의 옷을 입고—아니 토끼 옷에 싸여—활짝 웃으며 사진을 찍었다. 오랜 시간을 들여 만든 만큼 효과가 있었다. 태경이 재산 목록 1호가 아닐까?

아이가 어떤 일을 하고자 할 때, 남에게 해가 되지 않는다면 모두 하게 해주는 게 좋다. 하고 싶은 일을 실컷 하게 해주니 아이도 즐겁고 부모도 즐겁고, 지나가는 사람들도 즐겁고, 놀러오는 사람들도 즐겁고, 이렇게 열매가 많다.

자부심을 키워주는 아이들 박물관

우리 집에는 아이들 박물관이 있다. 나를 무던히도 좋아하던 아래층 할머니께서 7년 전 이사 가실 때 주고 가신 소나무로 만든 낡은 2층짜리 장이다. 한 층에는 태경이의 모든 것, 또 한 층에는 홍원이의 보관품을 넣었다. 말하자면 아이들 박물관이 된 셈이다. 하나는 설립한 지 20년, 또 하나는 22년이 되었다.

처음에는 작은 종이상자에 아이들 물품을 보관했다. 어린아이들이 여린 손으로 만든 것들은 다 보관하고 싶었다. 그것들을 모아 간직하고 또 아이들이 입고 신었던 그 게딱지만 한 옷, 신발들까지 보관하고 싶었다. 하지만 곧 마음을 비웠다. 다른 사람에게 필요하거나 쓸모 있는 것은 다 주었다. 배내옷까지.

딱 한 개, 장식성도 있고 오래도록 갖고 싶었던 비단신마저도 친구 아이에게 미련 없이 주었다. 그 신발은 대만에 유학 중이던 대학 동창이 사 보낸 것이었고 무척이나 예뻐서 보고 있노라면 황홀할 지경이었다. 하지만 나와 비슷하게 몸을 푼 이웃이 약한 자기 딸에게 건강한 태경이가 신던 것을 물려달라는 말에 토를 달 수 없었다.

아이들 박물관은 남에게는 아무 쓸모도 없는 것들로만 채워져 있다. 임신 기록 책, 신생아 탄생 팔찌, 성적표, 어버이날 카드, 카네이션, 각종 그림과 일기, 상장들, 행사참가증 등이다.

아이들의 낙서 조각도 소중하여 다 모았으니 양이 만만치 않았다. 아이의 성장을 느낄 수 있는 그림이 나올 때마다 탄성이 나도록 감탄스러웠으나 매해 조금씩 정리해서 꼭 필요한 것만 모았다.

우선 아이들이 새로운 그림을 그리면 거실 한쪽 고가구 위에 일주일 동안 전시했다. 전시 기간이 끝나면 박물관에 보관했다. 상장도

마찬가지였다. 그랬더니 온 집에 그림이 나붙지 않아 집 안은 집 안
대로 정갈하고, 아이들은 아이들대로 자기 작품을 거는 특별한 공간
이 생겨 아주 좋아했다.

태경이 박물관에는 제가 쓴 동화를
비롯한 여러 글과 연극공연 팸플릿,
포스터, 각종 행사 참가증, 아기 때 입
었던 아기 원피스와 팬티 등이 있다.

홍원이 것에는 처음 수영을 배워서 딴 A디플
로마 표가 엉덩이에 붙은 다 삭아버린 수영복, 제 아빠 군대 계급장
을 붙여 좋아하며 쓰고 다니던 모자, 태권도 하
며 두르던 색깔 띠들, 전국체전 때 육상선수
로 나가며 썼던 모자, 닳아버린 육상화, 축
구화와 육상대회 번호표가 들어 있다. 국
토순례 일정표와 목걸이, 모자, 학생회장
선거 포스터와 공약문 등도 들어 있다.
어찌 이 많은 것을 다 해냈을까? 아이의 짧은 일
생이 남겨놓은 것들을 볼 때마다 흡족하다.

　사람은 누구나 자기가 한 일, 자신과 관계된 일에는 의미를 둔다. 특히나 아이들은 더하다. 세계가 좁으니 더욱 그렇다. 그걸 엄마가 귀히 여기고 챙겨주면 아이는 스스로 자부심을 갖게 된다. '우리 엄마가 나를 이리 소중히 여기는구나'라고 알게 된다. 누가 소중히 대해주지 않아도 집에서 이런 소중한 대접을 받아본 아이라면 어떤 상황에서건 자기를 지킬 수 있다. 자존심은 쉬이 상하지 않는다.

우리 아버지 말씀으로 결혼 전에는
눈을 크게 뜨고 남편을 고르고
결혼 후에는 눈을 반쯤 감고
남편과 살아야 한단다.
그런데 많은 이들이 눈에 콩깍지가 씌워
결혼하고 결혼 후에야 눈을 크게 뜨고
남편의 흠을 뒤지고 이웃 남자의 좋은 점을
찾으니 불행한 것이다.
내가 이 남자를 선택했다면
깔끔한 포기가 있어야 한다.

순간을 즐기면 살림이 쉬워져요

엄마학교에만 있는 특별한 CCTV

인사동에 잘 가는 가게가 있다. 가게 주인의 큰 시누이는 그림을 그리고 작은 시누이는 도자기를 굽고 남편은 나무 조각을 하고 아내는 수를 놓고 바느질을 하며 물건을 판다. 세상에 하나밖에 없는 것들을 많이 만날 수 있는 곳이다. 내용도 다 알고 작업의 가치를 익히 알던 터라 단골이 되었다.

종종 그 가게에 들러 구경을 하곤 하는데, 어느 날 소나무 곁가지에 앉아 있는 작은 나무 부엉이가 말을 걸어왔다. 그날 이후 부엉이는 엄마학교에 와서 CCTV가 되었다. 강의실 한쪽 구석에 세워두었는데, 하도 작아 주의 깊게 보지 않으면 잘 보이지 않는다. 어떤 엄마

는 가르쳐줘도 못 찾아낼 정도다. 몸길이가 손가락 한 마디만 한 부엉이는 강의실 한쪽에 앉아 눈을 부릅뜨고 제 역할을 하고 있다. 엄마들이 공부 잘 하는지 지킨다. 그걸 알아낸 엄마들은 제 아이 지키라고 CCTV, 부엉이를 사러 다닌다.

부엉이는 여러 나라에서 사랑받는 동물이다. 대부분 부의 상징으로 알고 있고 일본인이 특히 좋아한다. 홋카이도에 사는 아이누족은 행운이 온다며 부엉이를 일삼아 깎아 판다. 우리나라에서 부엉이는 학습의 신이다. 밤에 눈을 뜨고 돌아다니니 주경야독하라는 의미로

   4장 | 순간을 즐기면 살림이 쉬워져요

학습도구 문양으로 많이 쓴다. 우리나라에서 또 많이 쓰이는 새 문양은 박쥐다. 한자 박쥐 복蝠이 우리가 누리고자 하는 복福과 발음이 같아 애용한다. 박쥐는 또 새끼를 엄청나게 많이 낳아, 다산의 상징으로 규방가구에 잘 쓰인다.

아이들의 관심은 부엉이와 올빼미의 차이다. 비슷하게 생겼는데 어찌 구분할지 난감해 한다. 그럴 땐 부엉이는 귀깃이 뾰족이 있고 올빼미는 없다. 부엉이의 'ㅂ'자가 부엉이의 뾰족한 귀깃 모양이고 올빼미의 'ㅇ'자가 올빼미 머리처럼 둥글다고 알려주면 잘 기억하게 된다. 5학년에 배우는 사과, 말, 눈 장단음 이해시키기도 이런 식으로 생각하며 발음하고 외우면 간단하다.

올빼미가 앉은 소나무 가지는 적송의 붉은 빛과 둥치의 느낌이 그대로 살아 있다. 신기하게도 산 소나무로 만든 것은 그 껍질이며 상태가 오래도록 그대로 남아 있는데 죽은 소나무는 껍질이 힘없이 벗겨져 그 맛이 없다고 한다. 어차피 죽어 우리 곁에 있건만 그렇게 다르단다. 살아 있는 양에게서 털을 깎아 만든 양털이불은 여름엔 시원하고 겨울엔 따뜻한 반면, 죽은 양의 털을 깎아 만든 양털이불은 숨을 쉬지 않아 그 기능을 못한다. 암수 닭이 어울려 뛰놀아 낳은 유정란과 무정란이 다른 것처럼, 그 미묘한 차이를 느낄 수 있다.

생활 속에 쓰이는 것이 진짜 예술

홍대 미대를 나온 한 할머니께서 하신 작업이다. 다달이 알맞은 꽃을 생각해 그에 맞는 그림을 탄생시켰다. 날짜까지 일일이 손으로 썼으니 진짜 수제 달력이다.

도화지에 한 장 한 장 정성으로 그렸을 얼굴이 떠올라 더욱 정감이 간다. 해가 다 지나도 아까워서 큰 달력은 그림만 오려 보관하고 작은 달력은 통째 간직하고 있다. 언제 꺼내 보아도 반갑다.

학교 다닐 때, 그러니까 중학교 미술시간에 이와 비슷한 수업을 많이 했다. 나는 퀼트든 십자수든 배운 적이 없다. 그런 것들을 작품으로 만들어 나열하는 것보다는 이렇게 생활 속에서 쓸 수 있는 걸 더 좋아한다. 옷 한 귀퉁이에 꽃수 하나 놓기, 구멍 난 아이 옷에 하트 퀼트 하기, 더러워진 수첩에 그림 한 점 그려 기분 좋게 쓰기 따위를 좋아한다. 이런 것들은 일상에서 누릴 수 있어 좋다.

눈을 약간 감고 사는 것이 행복의 비결

이 등불은 불빛이 아주 은근하다. 흙을 빚어 초벌구이한 것으로 소박하여 마음이 부드러워진다. 느낌이 좋다. 등불을 위로 열게 되어 있는데 여는 손잡이가 나뭇가지로 되어 있어 앙증맞다.

은근한 불빛이 마치 결혼 생활을 하는 여인이 가져야 할 덕목, 어슴푸레 보기의 눈 밝기와 같다. 결혼 전과 후, 눈의 조도가 달라져야 행복하다. 우리 아버지 말씀으로 결혼 전에는 눈을 크게 뜨고 남편을 고르고 결혼 후에는 눈을 반쯤 감고 남편과 살아야 한단다. 그런데 많은 이들이 눈에 콩깍지가 씌어 결혼하고, 결혼한 후에야 눈을 크게 뜨고 남편의 흠을 샅샅이 뒤지고 이웃 남자의 좋은 점만 찾으니 불행한 것이다.

내가 이 남자를 선택했다면 깔끔하게 포기하는 것이 있어야 한

다. 한 남자를 내 의지로 선택해놓고 토를 달고 밖에 나가 흉을 보는 것은 어리석다. 내 안목이 부족함을 광고하는 것에 지나지 않는다.

　나는 결혼을 하자 아버지의 바람대로 눈을 약간 감았다. 다른 남자는 다 포기했다. 비교하지 않았다. 눈을 약간 감아 그런지 다른 남자의 좋은 점마저 보이지 않았다. 운 좋게 내 남자의 나쁜 점이 잘 보이지 않았다. 반대로 그 실눈으로 내 남자를 잘 살피니 좋은 점은 다 들어왔다. 학생 부부라 생활고를 겪었음에도 번 돈은 다 갖다주는 그가 믿음직스러웠다. 기억력이 없어 뭐든 내게 기대니 자연 내 역할이 돋보여 그것도 좋았다. 그런 느낌을 남편에게 말로 속삭이며 이 땅에서 천국처럼 살았다.

　타인의 흠을 가려주는 등불 밝기, 참으로 알맞은 밝기다.

생각하게 하는 물건이 좋아요

20세기에 태국에 갔다가 이 새장 밖 새를 발견했다. 20세기라, 1900년대라고 하려다 20세기라고 했다. 1997년은 20세기이며 1900년대가 맞다. 이렇게 말하고 나니 이 물건이 마치 오래된 유물같이 느껴진다. 그 여름 태국에서 열린 회의에 참석하러 갔다가 시장에서 이 새장을 사왔다.

이 새장을 볼 때마다 역시 새는 새장 밖에서 살아야 한다는 생각을 하게 된다. 한때 발코니에 새를 풀어 키운 적이 있다. 새소리를 들으며 잠을 깨면 얼마나 좋을까 싶으면서도 새장에 가둬 키우는 게 싫어 키울 엄두를 못 내고 있었는데, 어느 날 발코니에 풀어 키우면 어떨까 하는 묘안이 떠올랐다.

그런데 십자매를 사서 발코니에 내려놓자 제대로 날지 못하고 좌충우돌 엉망이었다. 태어날 때부터 좁은 새장에서 키워져 날개 한 번 펴보지 못해 나는 것이 두려운 새가 된 것이다. 책에 보면 새장 크기는 새가 날개를 쫙 편 크기가 적당하다고 한다. 어이없는 소리다. 그렇다면 사람이 살기에 적당한 크기는 두 팔 벌린 크기란 말인가? 그건 말로만 듣던 무서운 독방 감옥이 아닌가! 많은 새가 새장에서 사니 그런가보다 했는데 그간 새의 처지를 헤아려보지 못한 것이다.

발코니 십자매는 날갯짓이 어설프긴 했으나 다행히 다음날부터 스스로 먹이를 찾고 물도 마셨다. 아침이면 눈 뜨고 저녁이면 나뭇가지에 달아준 둥지에서 잠이 들었다. 그냥 새소리나 듣겠지 했는데 하는 짓이 얼마나 예쁘고 사랑스러운지 금방 우리 가족이 되었다. 십자매를 본 친구들은 만나면 새의 안부를 묻고 집에 놀러오면 새부터 보러 갔다.

철쭉 사이를 정글 헤치듯 지나다니고 벤자민고무나무로 포롱포롱 날아올랐다. 새들이 목욕하는 것을 보는 기쁨은 말로 다할 수 없었다. 커다란 옹기 자배기 어항에 차례대로 줄을 서서 목욕을 하는데 생김새가 다르듯 목욕도 어쩜 그리 다르게 하는지. 십자매들은 산소 주입기 줄을 따라 내려가 몸이 물에 닿으면 날개를 퍼덕이며 몸을 씻었다. 꼼꼼하게 구석구석 오래오래 씻는 새가 있는가 하면 머리 두어

번만 물에 넣으면 목욕이 끝나는 새도 있었다. 더욱 놀라운 것은 앞에 있는 새가 목욕이 끝날 때까지 조용히 차례를 기다리는 것이었다. 참 기특하고 용했다.

어느 날 새들이 낙엽, 마른 가지, 이끼 등 어디에 저런 게 있었을까 싶은 온갖 것을 둥지로 물어 나르기 시작했다. 알 낳을 준비를 하는 것이었다. 십자매들은 물어 나른 것을 입으로 꼭꼭 씹기도 하며 부드럽게 만들어 둥지에 채웠다. 둥지가 좀 찼다 싶더니 하루는 손톱만큼 작고 차돌처럼 하얀 알을 낳아 품기 시작했다. 산실을 만들 때처럼 누가 먼저랄 것도 없이 암컷, 수컷 모두 돌아가며 번갈아 품는 것이었다.

보름이 지나자 빨간 살덩이가 하루에 하나씩 알을 깨고 나왔다. 어미 새들의 지극한 보살핌 속에 새끼 새들은 날이 갈수록 살색이 점점 연해지고 살이 오르더니 눈을 떴다. 털도 났다. 3주째가 되자 몸집이 거의 어미만해졌다. 그때부터 새끼 새들은 고개를 내밀고 바깥을 살피며 자꾸 날개를 다듬었다. 오른쪽, 왼쪽 날개를 펴고 기지개를 켜기도 하더니 한 마리가 밖으로 나와 갑자기 허공으로 날아올랐다. 아이가 첫발을 내디딜 때처럼 어미 새들도 흥분하여 어찌나 소란스러운지. 어설픈 비행을 곁에서 지켜주는 어미 새들은 본능적으로 부모 노릇을 잘했다. 매일 조금씩 열과 성을 다해 가르쳤다.

십자매를 왜 십자매라 부르는지 아는가? 사이좋게 지내서 그렇단다. 열 자매라는 뜻이다. 새끼를 까서 식구가 많아져 새둥지를 더 달아주었는데 누가 탈이 나면 온기를 서로 나누려고 한 둥지에 모여 잠을 잔다. 화려한 색깔도, 빼어난 노래 솜씨도 없지만 있는 듯 없는 듯 제 모습을 지키며 지극한 정성으로 새끼를 기르는 십자매. 십자매 덕분에 길에서 만나는 까치나 참새들도 그 색깔이 모두 다른 것을 알게 되었고 우리와 똑같이 소중한 하나의 생명체로 인식하게도 되었다.

그때 6학년짜리 아들은 십자매에게 이름을 지어주고 다 다른 모양을 일일이 그림으로 그리며 오랫동안 관찰일기를 썼다. 십자매 울음소리가 사랑할 때, 누구를 부를 때, 새끼를 가르칠 때 다른 것까지 알아냈다.

아이들이 자연 속에서 활개치고 놀면서 엄마들의 칭찬과 격려 속에서 두려움 없이 앞으로 나아가야 하는 것처럼 새는 새장 밖에서 살아야 한다.

비우면 넉넉해져요

모임이 없는 날, 모임방은 텅 빈 공간이 된다. 작은 찻상 하나와 부엉이만이 지키고 있다. 좋은 엄마가 되겠다고 찾아온 엄마들의 옹골찬 꿈을 실현시켜줄 모임방은 평소엔 비어 있다가 엄마들이 들어와 앉으면 비로소 꽉 찬다.

나는 비우는 것을 좋아한다. 집도 물건도 생각도 비어 있어야 한다. 그래야 언제든, 무엇이든 들어올 수 있다. 시간도 비어 있어야 한다. 여유로움이야말로 인류가 열망하는 최상의 누림이요, 삶의 윤활유며 기쁨의 묘약이 아닌가!

비어놓지 않아 벌어지는 문제가 얼마나 많은가. 옷 사재기, 생각 사재기, 정보 사재기…. 사재기 하다보면 알찬 것을 챙기기 어렵게 된다. 옷 사재기만 봐도 그렇다. 옷을 자꾸 사니 너무 많아 장이 필요

하게 된다. 장이 느니 넓은 집이 필요하고 옷은 장에 깊이 박혀 있으니 또 새 옷을 사야 하고. 옷 사느라고 든 돈과 시간이 만만찮다. 가구며 집까지, 그것을 사고 유지하기 위해 심혈을 기울여 일을 하고 돈을 벌어야 한다. 주객이 전도돼도 한참이나 전도됐다.

생각도 마찬가지다. 이 생각 저 생각 오만 가지 생각을 하는 사람을 보면 생각이 생각을 불러와서 결국에는 아무 생각도 할 수 없게 되는 걸 볼 수 있다. 내 생각이 없어 나를 볼 수 없으니 남을 바로 볼 수도 없다. 그럴 경황이 없는 것이다. 이리 쏠리고 저리 쏠리면서 남만 쳐다보고 결국엔 남 탓만 하게 된다.

연말이 되면 "여섯 살 저희 아이 언제 학교를 보낼까요?" 하고 묻는 엄마들이 많다. 나는 그 아이를 본 적도 없고 알지도 못하는데 나에게 묻는다. 아이가 언제 학교에 가야 하는지 엄마만큼 잘 아는 사람이 누가 있을까? 아이를 들여다보면 답이 나올 텐데 그럴 생각은 않고 남에게서 답을 구하려 한다.

아이를 키울 때 마음을 비우면 더 많은 것을 얻을 수 있다. 나는 운전면허증도 없는 강남아줌마였다. 아무리 운전면허증이 없다가도 아이들이 학생이 되면 학원에 실어나르기 위해 운전을 배우기 일쑤인데, 나는 그것도 하지 않은 통 큰 엄마다. 나는 남이 하니까 나도 해야지, 언젠가 필요할 테니 미리 해둬야지 해서 한 것은 없었다. 필요할 때 그때 했다. 덕분에 아이들을 적기교육 시킬 수 있었고, 날마다 충실할 수 있었다.

자연히 우리 아이들도 그렇게 산다. 가끔 영어 통역을 하러 다니는 큰아이는 토플 시험 한 번 본 적이 없다. 우리나라 사람들이 해마다 지불하는 60억 토플 시험비를 한 푼도 보태지 않은 셈이다.

대신 필요할 때라면 언제라도 했다. 아들은 스쿠터를 타려고 고2 말에 원동기 운전면허를 따러 다녔다. 강남에서 강북으로 이사를 하여 학교가 먼데 학생회장이니 집 가까이 전학을 할 수도 없었다. 대부분은 학교 근처가 사무실인 아빠와 같이 다녔으나 혼자 다닐 때도 있어 기동력 좋은 스쿠터를 사게 되었고 긴 시간을 내 면허시험장을 드나들었다.

아이가 입학 전이라면 뭐 하나 즐길 만한 것을 배우면 충분하다. 하나에 흥미가 있으면 다른 것도 재미있어 한다. 무슨 일이든 자신감이 있어야 하는 것이다. 재능은 보통 부모가 딱히 찾아주지 않아도 아이가 찾아낸다. 혼자 찾는 아이는 조금 늦을 뿐이다.

나는 아이가 스스로 재능을 찾을 때까지 실컷 여유를 누렸다. 비용도 쓰지 않았다. 여유롭게 여러 가지에 관심을 가졌기에 차라리 다양한 바탕학습이 되었다. 작은 아이는 학교 적응도 못 하고 엄마 치마만 붙들고 다녔지만 그냥 두었다. 그 가운데 좋은 점을 찾아 칭찬하며 살았다. 늘 웃고 지내더니 뭐든 기쁘게 해냈다.

8개월짜리 아기를 오감발달 놀이를 시킨다며 문화센터에 끌고 다니는 엄마들이 더러 있다. 폐낙하산을 잡아당겨 흔드는데 옆집 아이보다 우리 아이가 활기차지 않다고 성화다. 옆집 아이와 비교하지 마라. 비교하려거든 본인이나 비교해라. 20~30대에 국제변호사, 박사된 사람도 수두룩한데 본인은 왜 못 되는가? 모든 아이가 똑같지는 않다. 좀 늦되는 아이도 있고, 다 다른 재주를 갖고 태어난다. 아이들은 아직 꽃봉오리에 지나지 않는다. 꽃을 빨리 보려 꽃봉오리 껍질을 벗기면 잘 피지도 못하고 겨우 피었다 해도 상처가 나게 된다.

어린아이를 시간 맞춰 일어나게 하고 불결한 곳에 가서 여러 병약한 아이들과 어울리게 해봐야 좋을 게 없다. 그리도 그걸 가르치고 싶다면 집에 있는 색색보자기를 깨끗하게 빨아 아이 머리 위에 얹어주면 된다. 아이가 팔을 올려 젖힐 것이고 그렇게 하면 오감발달 놀이를 충분히 할 수 있다. 더 깨끗하고 여유롭다. 비교할 대상도 없어 맘 상할 일도 없다. 우리 아이가 무엇을 좋아하는지, 무엇에 흥미가 있고, 어디에 재능이 있는지 미리 발달시켜주려 조바심내지 않고 느긋하게 두어야 제대로 꽃을 피울 수 있다.

내 친구 하나는 늦둥이 아들을 두었는데, 부부가 일을 하니 아이가 학교 공부만 끝내면 오랜 시간 여유롭게 놀았다. 고학년이 되자 학교에서 하는 방과후 수업을 듣게 했다. 일명 '아트' 반에 들어갔는데 거기서 고전무용을 배웠고 제 길을 찾게 되었다. 몇 년 동안 엄마와 아이의 인생도 찾을 수 없고 아빠도 돈 대느라 분주한 다른 집과는 다르다. 본인이 성장한 다음에 선택했기에 일부러 어린 나이에 돈과 시간을 들여 만든 아이들보다 창의력이 앞서고 흥미가 더하다. 아니어도 일상에서 여유롭게 누린 것들이 바탕이 되어 인생이 즐겁다. 내 아이가 뒤처지는 게 두려워 안달인데 그 마음도 놓아라. 부족한 게 나타나면 그때 봐주면 된다.

엄마 마음이 여유로워야 아이에게 여유롭게 잘 대할 수 있다. 멀리 보고 깊이 생각하며 아이를 길러야 한다. 그렇게 아이를 기르다 보면 기르는 동안 엄마가 큰다. 아이를 엄마가 키우는 줄 알았는데 아이가 엄마를 키우더라.

용무늬잔

뜨거운 물을 부으면 빨갛게 달아오른다.
엄마의 따뜻한 마음이 채워지면 아이가 밝게 피어오르듯…

같은 값이면 손맛이 느껴지는 물품이 좋아요

나는 물건을 살 때 천년만년 오래 쓸 물건이나 자연으로 그대로 다시 돌아갈 물건을 고른다. 이런 조건에 맞아야 무엇을 사기 때문에 길을 가다 그냥 덜렁 물건을 사는 일이 드물다. 까다로운 덕분에 언제나 내 주변은 정갈한 편이다.

또 손맛이 있는 물건, 기발한 생각이 담긴 물건이 좋다. 친구에게 선물받은 이 포크는 보는 순간 탄성을 지르게 했다. 이 포크를 손에 쥐면 오죽의 미려함이 손 가득 느껴진다. 점점이 박힌 무늬가 새삼스럽고 저마다 휘거나 굽은 모양이 제각각이다. 여기저기 잘린 마디가 모두 다르고 길이도 천차만별이다. 손으로 만든 물건에서만 느낄 수 있는 맛이다.

산에서 젓가락이 없어 어쩔 수 없이 급조해 만든 것 같기도 한데 멋이 더해졌다. 왜일까? 고와서 그렇다. 여러 개의 포크를 한 움큼 내놓으면 잘강잘강 부딪히는 소리도 경쾌하다. 무엇을 찍기도 수월하고 씻기도 좋고 무언가를 덧대지 않아 마음이 턱 편하다. 가지치기 해버린 대나무 조각으로 만들었으니 누구에게 해를 끼치지도 않는다. 손품만 조금 들이면 당장이라도 만들 만하다.

오죽포크

아롱이다롱이, 마디가 긴 것도 짧은 것도 있다.
쪽 곧은 것도 굽은 것도 굵은 것도 가는 것도 검은 것도 점박이도 있다.
아이들처럼 각양각색이다.

제자리를 찾으면 빛이 나요

취미로 도자기를 하는 오빠에게 처치 곤란인 작품이 하나 있었다. 십이지신상을 하나마다 여섯 개의 작은 조각으로 붙여 만든 큰 테이블인데, 너무 우람해서 버려질 위기에 놓여 있다고 했다. 때마침 한창 학교자리를 보러 다니던 터라 버리지 말고 잠깐만 보류하라 부탁했다.

이 테이블은 인사동 화랑에서 전시되기도 했는데, 그때만 해도 별 감흥이 없었다. 십이지신상 조각 빚고 새기고 굽느라 고생 꽤나 했겠다, 근사하다 정도였지 탐나는 마음은 생기지 않았다. 하지만 학교를 준비하다 보니 생각이 달라졌다. 여러 사람이 모이는 공간에 그보다 멋진 테이블이 있을까 싶었다.

한옥에 학교를 마련하게 되자 이 십이지신상 테이블은 제자리를

찾았다. 마치 이 집이 학교를 위해 지어져 오래도록 나를 기다렸던 것처럼 이 테이블 역시 오빠의 선견지명으로 학교를 위해 만들어진 것 같았다. 남녀노소를 막론하고 학교를 찾는 이들 누구나 찬사를 아끼지 않는 물건이 바로 십이지신상 테이블이다. 사라질 위기에 처했던 물건이 누구를 만나느냐에 따라 명품이 되기도 한다.

누구나 제자리에 있을 때 빛을 발한다. 아이들 또한 그렇다. 별난 아이, 섬세한 아이, 까다로운 아이, 설치는 아이 모두 머리가 비상해서 그렇다는 것을 알아야 한다. 남보다 좀 머리가 좋으니 그걸 다 받아내고 길을 내주면 어느새 자기만의 길을 찾아 자기만의 빛을 발하게 된다. 말썽으로 보이는 것을 받아주고 견뎌야 그 맛을 누릴 수 있다.

다 다른 것이 아름다워요

엄마학교에 있는 그릇 가운데 찍어낸 것은 거의 없다. 대부분 세상에서 한 개밖에 없는 것들이다. 그래서 맛이 더 좋다. 그런 도자기 그릇이 비싸다고 또는 무겁고 투박하다고 꺼린 때도 있었다.

손맛을 알게 된 다음, 눈이 뜨인 다음부터 도자기 그릇이 좀 비싸다 싶으면 1년에 한 개만 샀다. 매달 1만 원씩 또는 5천 원씩 모아 샀다. 맘에 드는 것을 먼저 사고 1년간 다른 그릇은 사지 않기도 했다. 살다보면 이처럼 열매부터 거둔 다음 인내심을 가져야 할 때도 있는 법이다. 아이들을 키울 때도 간혹 이런 경우가 있었다. 보통은 숙제 먼저 하고 놀라고 가르치지만 숙제 먼저 하다 보면 해가 기울 때가 있다. 이럴 땐 먼저 신나게 놀고 숙제는 나중에 해도 좋다고 일러주었다.

마음에 드는 그릇 하나만으로 한 해가 족하니 길가다 간혹 기웃거리긴 해도 여간해서 그릇 사는 일로 시간을 쓰지 않게 되었다. 그렇게 한 5년 모으니 성에 차는 그릇만으로도 간단히 손님을 맞을 수 있게 되었다. 엄마학교 열 때도 친구들이 축하한다며 무엇 사줄까 물으면 큰 도자기 접시를 부탁했다. 아예 가게까지 지정해 주었다. 적당한 가격에 볼품 있는 물건들을 파는 인사동의 단골 가게다.

흔히 도자기는 무거워서 싫다고들 하는데, 도자기는 무조건 무겁다는 정설을 깬 그릇이 있다. 플라스틱보다 약간 더 무게가 나가는 정도다. 이 도자기는 밀가루 반죽하듯 흙 반죽을 치대고 또 치대어 끈기가 나게 만든 다음 그릇을 빚은 것인데, 종잇장처럼 얇아도 깨지지 않는다.

서로 다른 것을 보는 즐거움은 아이들에게서도 찾을 수 있다.

홍원이가 4학년이 되어서부터 우리는 학교 바로 앞 길갓집에 살았다. 덕분에 오고 가는 아이들이 우리 아이를 불러대고 집에 드나들었다. 그러니 그만큼 나도 아이들과 많이 얽히게 되었는데 보는 아이들마다 모두 다른 장점을 가지고 있었다. 끼가 아주 많은 다재다능한 친구도 있었는데, 가수만큼 노래를 잘하는 한 친구는 노는 아이로 정평이 나 있는데도 노래를 위해 절대 담배를 가까이하지 않았다. 멋대로 사는 것 같지만 나름대로 자기가 정한 선을 긋고 지키는 모습이 대견했다.

어떤 엄마는 우리 아이 주변에는 별 아이가 다 있다고 그랬다. 나도 알고 있었다. 아들 친구 중 축구를 하는 아이들은 공부를 못했다. 학교 성적으로 거의 꼴등도 있었다. 그렇다고 다른 것을 못하는 것은 아니다. 축구만큼은 아주 잘하고 성격도 좋았다. 담배를 피우고 술을 마시는 아이하고 논다고 우리 아이가 그렇게 되는 것은 아니다. 오히려 그 아이가 우리 아이처럼 될 수도 있다.

아이가 열 살 전에는 걱정도 했다. 특히 주먹질을 하고 자주 싸우는 아이와 가까이하면 그 아이 때문에 괜히 나쁜 일에 엮이지 않을까 염려되기도 했다. 그런데 아이는 그런 아이들과 놀면서 자기를 잘 지

각색바지 막사발

각색바지라 자기네끼리 잘 어울려
하나가 깨져도 문제가 없다.
밥, 국, 라면 그릇으로도 그만이고
과자나 떡을 담아도 보기 좋다.
보기 좋은 그릇에 담으니 참 맛있
게 느껴진다.

켰다. 누구나 자신보다 더 나은 아이와 놀 수만은 없는 것 아닌가. 조
금 못한 아이가 우리 아이랑 논다면 그 아이는 조금 나은 아이랑 노
는 거니까 좋은 게 아닌가. 우리 아이는 좋은 일 한 번 하고.

처음부터 아이의 교우관계에 대해 관심만 가질 뿐이지 간섭은 안
했다. 교과서식으로 하자면 그건 '쪼잔한' 엄마가 하는 짓이라고 여
겼다. 속이 안 따라가도 겉으로 그리 하다 보니 어느새 속도 그렇게
바뀌어 있었다.

'아이의 일은 아이가 결정한다. 모두 귀한 아이들이다' 를 마음속
으로 수도 없이 되뇌었다.

제각각 접시

모양은 비슷한데 무늬도 크기도 다 다른 접시를 마련하면 좋다.
하나가 부족해 딴 것을 섞어 써도 자연스럽다.

만 보물 부럽지 않은 엄마표 물건

딸에게 선물을 주고 나니 아들에게도 좋은 선물이 무엇이 있을까 생각하게 되었다. 아들이 4학년 때 공개 수업한 일이 떠올랐다. 아이들이 실과시간에 바느질 공부를 하느라 반짇고리를 가져왔는데, 찬찬히 살펴보니 모양 좋은 것도 있었지만 대부분 종이로 만든 조악한 것이거나 호텔에서 가져온 작은 실패 따위였다. 그냥 실과 바늘 그리고 가위를 날로 가져온 것보다야 나았지만 역시 볼썽사나웠다.

그나마 좀 나은 것은 집에서 쓰는 커다란 반짇고리였다. 그런데 학교까지 오는 동안 내용물이 뒤섞여서 엉망이 되었다. 홍원이의 색

한지 반짇고리 역시 모양은 근사한데 좁은 책상에 올리기
엔 너무 크고 어설펐다. 내용물이 너무 많아 뒤섞이는
것도 문제였다.

그래서 직접 만들어보리라 결심했다. 간편하게
가지고 다닐 수 있는 것으로 가위와 색실도 넣을
수 있고 쓰기도 편리하고 모양도 좋은 것을 만
들기로 했다. 당시 모임에서 광목 작업을 많이
했는데 그때 쓰던 광목 자투리와 조각 꽃무늬 천
을 가지고 접이식 휴대용 반짇고리를 만들었다. 바느
질 잘하는 왕꼼꼼쟁이, 홍원이에게 근사한 선물이 될 거라는 생각에
절로 흥이 났다.

우선 광목을 긴 타원형으로 두 장 자르고 그 배색이 될 만한 꽃무
늬 천 한 장, 속에 넣을 퀼트 솜 조금에다 광목을 두를 만큼의 바이어
스 천, 테니스공만한 광목 조각과 단추 한 개만 있으면 재료 준비는
끝이다.

재료를 이어붙여 만들고는 겉에다 내가 좋아하는 보라색으로 들
꽃을 수놓고 아이 이름을 써넣었다. 태경이 때와 달리 단 몇 시간에
뚝딱 만들었다.

'고추 같은 내 손 맵기도 하지.'

세상에 하나밖에 없는 아들을 위한 실과시간용 반짇고리가 완성
되었다. 내가 뭘 만들기만 하면 뭐든 따라 하던 아이들에게 오랜만에
좋은 선물을 마련했다.

이 세상엔 버릴 게 없다. 하나도 새로 사지 않은 자투리로 아이들
에게 요긴한 물건을 얼마든지 만들어 줄 수 있다. 자원도 절약하고
환경도 보전하고, 무엇보다 엄마의 정성이 깃들어 있으니, 백 가지,
만 가지 일반 용품과 어떻게 견줄 수 있을까?

관심을 가지면 눈이 밝아져요

김재영이란 분이 취미로 나무 조각을 하기 시작했는데 날마다 깎다보니 이젠 거의 달인이 다 되었다. 본인 말로 작가적 기질이 없어 혼자 창작은 못하나 견본만 있으면 못 깎는 게 없단다. 단 주문하면 원래보다 약간 통통하게 나오는데, 그 양반을 한 번이라도 본 사람이라면 그 이유를 단박에 알아차릴 수 있다. 약간 살집이 있는 모습을 본다면 웃음이 터진다. 아무리 날씬하게 하려 해도 뜻대로 되지 않는다고 한다.

그의 작업 중 하나가 이 후투티 바람개비다. 처마 끝에 걸어놓으니 바람이 불면 꼬리가 팽팽 돈다. 이름도 특이한 후투티. 우리나라 땅 중부 이북 전역에서 볼 수 있는 여름새다. 구릉 야산 나무숲에서 번식하나 때로는 인가의 지붕 아래, 처마 밑에서 살기도 한다. 텃새

는 아니고 번식기에만 살짝 왔다 간다. 유라시아 대륙과 아프리카 대륙 전역에 분포한다. 북부 지역에서 사는 새는 열대지방에서 겨울을 나고, 아시아 남쪽에 사는 새들은 그곳의 텃새다. 쓰레기 반입이 중단된 지 8년이 지난 난지도에 후투티가 나타나기도 했다.

실물을 한 번도 보지 않았지만 먼 나라 새라고 여기던 후투티, 머리에 관이 있어 더욱 귀해 보이던 후투티가 이렇게 곁에 왔다. 엄마 학교를 찾는 이들은 꼭 되묻는다.

"이름이 뭐라고요? 이게 우리나라에 산다고요?"

알고 보면 서울, 대도시에도 새들이 많이 산다. 압구정동에 살 때 집 앞에 낯선 새가 많기에 새 도감을 펼쳐 때늦은 공부를 했다. 오후에만 자주 우리 집으로 날아오는 머리는 검고 뺨이 흰 회색 새 박새, 뜰에서 구구거리며 먹이를 찾던 통통한 멧비둘기, 여름내 매미 잡아먹으며 물확으로 물 먹으러 다니던 시끄러운 새 직박구리, 황홀한 붉은색의 때까치도 있었다. 저마다 소리와 빛깔, 움직이는 시간까지 달랐다.

나이 오십이 다 되도록 본 것과 알고 있는 것이 얼마나 보잘것없는지 새삼스레 느낀다. 지금도 우리 주위 어느 나무 아래서 알 까고 새끼 기르는 작은 새들의 움직임이 분주할 것이다.

뜻하지 않은 작품

시작할 때부터 무슨 작품을 만들겠다는 생각은 없었는데, 어쩌다 보니 작품이 된 것이 있다. 바로 뒤뜰로 통하는 유리창이다. 좁기는 하지만 그래도 명색이 뒤뜰인데 유리창이 창호지로 덮여 있으니 보이지 않아 답답했다. 그래서 창호지를 뜯기 시작했다.

우선 분무기로 물을 뿜어 축축이 적셨는데, 워낙 된풀로 빡빡하게 붙여놓아 어지간해서 떨어질 조짐을 보이지 않았다. 그래서 여름 날 물장난하듯 수시로 물을 뿌렸다. 간혹 주변 화분에도 뿌리고 이리저리 물살을 날리며 물의 시원함을 느끼며 놀았다.

그런데 시간이 지나도 별 진전이 없었다. 하는 수 없이 칼로 여기저기를 긁어 물이 스미게 했다. 뭉근히 불었다 싶기에 칼로 벗겨 보았다. 칼로 끝을 뜯어내고 손톱으로 잡아당겨 창호지를 벗기니 맑은 유리가 드러나 환해졌다. 한참을 하니 팔이 아파 꾀가 났다.

'뭐 다 벗길 필요 있나?'

아래는 그대로 두고 재미 삼아 칼끝으로 벅벅 긁었더니 새로운 창이 되었다. 마치 일부러 만든 작품처럼 볼 만했다.

'작품이 뭐 별건가 보기 좋고 재미있으면 작품이지.'

내키는 대로 멋대로 긁고 놀았다. 노는 가운데 엄마학교 작품 1호가 만들어졌다.

아이들에게도 어지간하면 뭐든 내키는 대로 해보며 살게 해야 한다. 그러면 아이들은 제 인생을 볼 만한 작품으로 만들 것이다.

작은 아이디어가 주는 특별한 즐거움

일본 여행 갔다 사온 골뱅이 포크는 아주 단순하다. 일반적인 이쑤시개에 바닷가에 흔한 골뱅이를 붙인 것이다. 비닐 꽃을 붙이거나 플라스틱 자체로 여러 가지 모양을 낸 보통의 포크와는 다른 수준의 격이 느껴지는 물건이다.

'세상에! 살짝 손이 갔다고 이렇게 달라지나?'

아이디어가 번뜩이는 물건을 보는 순간, 반가운 나머지 눈이 번쩍 뜨였다. 최근엔 어지간한 것들은 모두 학교를 위해서 사는 것임을 안 남편이 곁에 와서 물었다.

"어디에 쓰게?"

"집."

"어느 집?"

"응, 학교."

아이들이 다 자라서, 집에 뭘 놓는 것을 싫어해서 물건 없이 살았는데 엄마학교를 열고 보니 살림을 자꾸 늘리게 된다. 여러 엄마가 마치 자식 같아 이것도 해주고 싶고 저것도 해주고 싶다. 아직 처음이라 장만할 게 많지만 그래도 최소한의 것으로 할 생각이다. 어지러운 건 질색이니까.

이 포크는 엄마들이 많이 다녀가는 학교에 딱 어울리는 물건이다. 여럿이 모였을 때 쓰기에 그만이다. 그냥 이쑤시개로 포크를 대신하는 것은 왠지 아쉽고, 엄마학교에 어울리지 않는다. 골뱅이 포크는 아이디어도 좋은데다 보기도 좋고 특이해 더더욱 좋다.

처음엔 일회용이라 생각하며 내놓았는데 엄마들이 먼저 알아서 쓰고는 다 씻어 놓는다. 다음에 또 쓰자며. 이쑤시개처럼 잇새를 쑤신 것도 아니니 누구라도 다시 써도 무방하다고 한다. 맞다. 역시 현명한 엄마학교 엄마들이다.

이야기가 있는 물건이 좋아요

나는 물건을 사는 데 신중하다. 길을 가다 혹 마음에 와 닿는 물건이 있더라도 여러 가지 생각을 해보고 산다. 물론 소모품은 잘 산다. 친구 주려고도 사고 이웃 주려고도 산다. 파는 이가 너무 힘이 넘쳐 사기도 하고 힘없는 할머니라서 사기도 한다. 어느 아이 엄마나 아빠여서도 산다. 그러면서 그들 얼굴에 피는 미소를 살핀다. 뭘 사면서 행복을 덤으로 받는 재미가 있다. 한 번은 동대문 길거리에서 천 고무줄을 샀다. 10개를 사니 1개를 덤으로 주신다. 그럴 필요 없다고 하며 돈을 내면서 다른 사람이 면봉 사는 걸 바라보니 내게 그것도 하나 더 줄까 또 묻는다. 됐다 해도 주려 하신다. 길가에서 처음 만난 상인 아주머니를 바라보는데 가슴 깊이 행복이 밀려온다.

나는 이야기가 있는 물건 사기를 특히 좋아한다. 다른 나라 갈 때, 추억을 담을 때, 특별한 돈이 생겼을 때, 기억하고 싶은 날 뭔가를 산다. 고양이가 있는 이 유리병은 지난겨울 남편과 바쁜 일정 속에서 짬을 내어 함께 간 일본에서 산 것이다. 내게 이 유리병은 이제 다른 유리병과는 다른 무엇이다. 그 병을 보노라면 함께 한 나들이가 그림처럼 그려진다. 남편과 나란히 오르던 아소산, 산중턱의 시설이 기막힌 목장, 동화에서나 봄직하게 예쁜 유후인 마을의 풍광과 올망졸망 즐비한 가게들, 텐만구 주변의 작은 골목과 낯선 꽃들, 아침 해를 보며 온천욕을 하던 것까지.

유리병은 엄마학교 차 통으로 쓴다. 거기에 콩처럼 작게 굴려 만든 재스민차를 넣어놓았다. 재스민차를 탈 때는 몇 알씩 손바닥에 덜어 찻잔에 넣어야 한다. 무심코 찻잔에 바로 덜려 했다가는 다 쏟아진다. 아무리 병 입이 솔아도 원하던 것보다는 더 나오게 마련이다. 이처럼 아주 사소한 일에도 지혜가 필요하다. 참기름을 음식에 넣을 때도 마찬가지다. 병째 음식에 따르지 않고 숟가락에 덜어 넣어야 한다. 찻잔 위에서 병째 거꾸로 흔든다면 병으로 뜨거운 김이 서려 나머지 차의 맛이 변한다.

뭐든 한 번 더 생각해보고 가장 나은 것을 택할 일이다. 이야기가 있는 물건, 그건 더 이상 물건이 아니다. 물건이 내게 말을 걸어오기 때문이다.

이왕이면 손맛이 깃든 물품으로

어디를 가서 그곳을 추억할 무언가가 보이면 산다. 그런데 그 나라 것이어야 하고 손으로 만든 것이어야 하며 남다른 맛이 있어야 하고 크기가 크지 않아야 하며 값이 알맞아야 눈에 차 산다. 그런 조건 맞추기가 여간 어렵지 않아 자주 사게 되지는 않는다.

이번 겨울, 청도 운문사에 가니 한적한 고찰이 주는 여운이 좋아 우리 부부는 경내를 조용히 걸었다. 키 큰 소나무 말고도 땅으로 퍼져 옆으로 자라는 소나무가 장관이었다. 드넓은 마당을 다 차지하고 서 있었다. 자연 어디에나 그윽한 솔향이 퍼져 있었다.

소나무로 만든 뭔가가 있으면 좋겠다 생각하고 아담한 판매장으로 들어갔다. 소나무 가지를 통으로 깎아 만든 차 숟가락이 눈에 띄었다. 둘도 아닌 단 하나였다. 손으로 깎았으니 아무리 똑같이 깎으

     4장 | 순간을 즐기면 살림이 쉬워져요

려 해도 똑같지 않으니 그 맛이 바로 손맛이다. 얇게 정성을 다한 품이 좋다. 얼마나 얇게 깎았는지 종잇장처럼 여겨졌다. 소나무 결이 그대로 살아 있었다. 다른 물건에 비해 비싸게 매겨진 것으로 보아 우리 것인지 짐작은 가나 웬만하면 중국산인지라 보살님께 물어 확인을 했다. 우리 나무로 우리나라 누군가가 깎았단다.

차를 마실 때, 차를 덜 때, 숟가락을 볼 때마다 청도의 푸른 숲이 떠오른다. 결 고운 차 숟가락에는 오래도록 누릴 청도의 미소가 배어 있다.

좋은 사람이 생각나는 물건

잠원동에 살 때 그러니까 10년 전, 집 앞 슈퍼 안 작은 판매대에서 산 다호다. 한 손 안에 살포시 들어오는 크기며 형태가 앙증맞을 뿐만 아니라 인화문이 아기자기해서 정감이 간다.

값이 비싼 다호를 덥석 살 이유는 없었다. 차 문화를 알지 못해 차 생활을 따로 하지도 않는데 손으로 빚은 그 다호를 사기는 가당찮았다. 빌미는 딴 데 있었다. 사실은 그당시 내가 때 아닌 그런 호사를 누리게 된 것은 한 사람 덕분이다. 다기를 팔고 있는 주인에 반해 산 것이다. 주인은 시골에서 갓 올라온 듯한 아줌마였는데, 장을 보고 들고 날 때마다 차 맛 보고 가라 웃음으로 이끌었다.

지방에서 아이들 교육을 위해 이곳으로 이사왔다는 그녀는 뭐든 거리낌이 없었다. 알고 보니 자기 집 아이가 우리 작은 아이와 한 반 친구라며 친한 친구 대하듯 내게 더욱 다정히 굴었다. 자기 집 아이는 공부엔 취미가 없다며 여러 가지가 아직 뒤진다 하면서도 부끄럽게 생각하거나 주눅 든 기색이 없었다. 있는 그대로 소개할 뿐 여전히 밝았다.

자존감 가득한 그 엄마를 보기 위해 나는 장을 볼 때마다 차를 즐겼고 그녀를 보는 것이 차를 마시는 것보다 더 즐거웠다. 오히려 존경심마저 일었다. 도시에서 살면 각박하여 책을 읽어야 진리를 터득하여 알게 되는데 그녀는 자연 안에서 살다 온 사람이라 우주의 섭리를 체득한 듯했다.

그녀는 단 한 번도 물건을 권하지 않았다. 그냥 당당하고 삶 자체가 기쁠 뿐이었다. 어느 날인가부터 그녀에게 그 기쁨을 더해주고 싶다는 생각이 들어 차츰 하나 둘 차 용품을 샀다. 그 가운데 거금을 들여 샀던 이 다호. 그녀 마음을 담고 있어서일까, 언제나 정이 간다.

본성대로 살아야 행복해요

정이 많은 딸에게 개를 한 마리 사주고 싶었다. 하지만 주택이 아닌 아파트에 살면서 개를 기르는 것은 사람에게도 개에게도 못할 일이다. 이웃에겐 더욱 폐가 된다. 그래서 생각한 게 나무 개, 이 닥스훈트다. 닥스훈트는 다리가 짧고 허리가 긴 개다.

1997년 김 목수 작품집이 먼저 집으로 왔는데 바로 이거다 정했다. 김 목수는 무엇을 만들어야겠다 구상하고 목재를 구하는 것이 아니라 버려진 목재를 보고 쓸모 있는 무엇을 만들까 궁리해서 새로운 것을 만들어내는 사람이다. 이 개 역시 잘린 은사시나무를 두고 이리저리 살피다 착상하여 만들어진 것이다.

몸통과 머리는 은사시나무이고 다리는 물푸레나무다. 허리가 길어 아이 손님이 오면 기차놀이를 할 수도 있고 거실에 놓아 보조의자

로 쓰기도 좋겠다. 때론 머리를 들어 집을 지키기도 하겠거니와 몸매
가 멋져 조각처럼 감상할 수도 있다.

　아파트에 사는 개는 본성을 무시하고 살아야 한다. 짖지도 못하
고 미끄러운 마룻바닥에만 사니 발톱이 닳지 않아 깎아야 하고, 사람
의 위생을 위해 더운물로 자주 목욕해야 하고, 염색에 장신구에 옷에
신발까지 신어야 하니 기막힐 노릇이다. 그러면서 사랑한다 뭐한다
운운한다. 가족이라고도 한다.
　말 못하는 동물이라고 내 맘대로 내 식대로 다루는데, 개 처지에
서 보면 고생이다. 개는 개답고 어른은 어른답고 아이는 아이다워야

세상이 조화롭고 평화로워진다.

어린아이도 말 못하는 짐승이긴 매한가지다. 간혹 머리카락도 없는 어린아이가 리본 고무줄 머리띠를 하고 있는 것을 볼 수 있다. 정작 아기 본인에겐 아무 도움이 되지 않는데 오직 예쁘기 위해 그런 고역을 치른다. 아기는 인형이 아니다. 인형놀이 할 때나 마음대로 입히고 씌우고 하는 것이지 아기에게는 그러면 안 된다. 아기가 얼마나 답답할까 상대 처지에서 생각해봐야 한다. 아니 내 처지에서도 그렇게 머리카락을 잡아당기는 머리띠를 생살에 대고 한나절 있어봐라. 잠깐이라도 답답해 얼른 벗어던지고 싶을 것이다.

고가구 장학금

남의 나라에 살고 나서야 내 것에 대해 깊은 관심을 갖게 되었다. 다른 나라 친구들을 만나고 그들 집에 드나들면서, 우리 집에 그들이 왔을 때 우리 것이라고 할 수 있는 그 무엇이 있나 곰곰이 살펴보게 되었다. 우리 문화에 비교적 관심이 있다고는 해도 정작 내가 갖고 있던 물건은 가야금 하나와 작은 민속 경대, 그림 몇 점과 도자기 몇 점이 전부였다. 서양식 리오 가구나 이태리 가구는 기겁했지만, 그래도 살림이 모두 서양식이었다. 아니, 서양식이라고 할 수도 없는 아류였다.

다시 한국에 돌아오자 우리 것에 마음을 쓰기 시작했다. 가구도 수백 년 동안 선조의 때가 묻은 우리 것, 바로 직계 조상의 숨결이 묻은 것이면 더 좋을 것 같았다. 그게 아니라도 괜찮았다. 이 땅에서 숨 쉬고 자란 나무로 이 땅에서 살아온 이가 정성으로 다듬어 만든 우리

네 것이라면 충분하다 싶었다.

그때부터 돈이 모이면 조그만 소품부터 하나씩 샀다. 굳이 사지 않더라도 시간을 내서 민속박물관과 고가구점을 다니며 우리 것에 대한 안목을 높여갔다. 얼굴도 이름도 모르는 조상이 썼음직한 물건을 내가 쓰고, 수십 년 후에는 내 아이들에게 줄 수 있는, 시간이 지날수록 더 빛나는 가구들을 보러 다녔다. 손때가 묻는다는 의미를 조금씩 알아갔다.

우리 부부에게 특히 기억나는 고가구가 둘 있다. 물건이 탐나 산 것이 아니라 둘 다 사람이 탐나서 산 것이다. 하나는 아이 때문에 샀고 또 하나는 어른 때문에 샀다.

우리는 끈덕지면서 때론 즉흥적인 면이 있다. 어느 해에 고가구를 보러 다니는데 마음에 드는 것은 너무 비싸고 값이 맞으면 눈에 안 차 사지 못하고 세월만 보내다가 어린이날이 되었다. 그날도 고가구를 보러 장안평에 갔는데, 한 가게에서 눈에 차는 물건을 보았다. 그런데 값을 물어보니 엄청났다. 그간 우리가 보던 것의 세 배는 되었는데, 웬일인지 남편이 흔쾌히 사겠다고 했다. 나 역시 아무 토를 달지 않았다. 흥정도 없이 사니 주인아주머니가 커다란 자배기(엄마 학교 대문 아래 있다)를 덤으로 얹어주었다.

재기 잘하고 꼼꼼한 남편이 비싼 고가구를 덥석 산 이유를 나는 알고 있었다. 어린이날인데 장사하는 부모 곁을 어린아이 둘이 지키고 있는 것이 눈에 들어오자 무조건 물건을 산 것이다. 말하지 않아도 안다. 우리의 구매비용이 그 아이들의 양육비가 되고 장학금이 된다는 걸…. 이 물건을 팔면 아이들 데리고 어린이날 놀이를 갈 수 있을 것이다.

또 한 번은 고가구 수리공 아저씨 댁에서 샀다. 잠원동에 살 때부터 알던 그 아저씨 댁에 몇 번 들르곤 했는데, 좋은 것 나왔다고 불러서 달려가면 한 번도 옳은 물건이 없었다. 그냥 오기 뭐하면 다상이

     4장 | 순간을 즐기면 살림이 쉬워져요

나 사들고 나왔다. 그 하나는 엄마학교 모임방에서 긴요하게 쓰고 있다. 그러던 어느 날, 그 댁이 4대가 산다는 걸 알게 되었다. 자녀 가족과 사는 줄은 알았는데 건넌방에서 노인 소리가 났다. 그 많은 가솔을 거느린 아저씨가 장해 보여 주저 없이 가구를 사들고 나왔다.

우리 집 고가구에는 다 사연이 있다. 외모로 선택되지 않고 이야기로 간택되어 우리 집으로 온 것이다. 그들은 아직도 내게 비밀을 속삭인다. 우리 부부는 아마 천생연분인가보다. 말 많은 아내의 입을 막고도 흐뭇해질 수 있는 우리가 아닌가.

버릴 것이 없어요

백일 지난 홍원이의 식탁 의자가 필요하다 싶던 차에 거리에 나온 의자를 발견했다.

전체적으로 말끔한데 잘 살펴보니 등판이 갈라져 있었다. 그대로 사용하면 볼품도 없을뿐더러 아이에게 위험할 것 같아 매듭실로 감아 산뜻한 색동의자를 만들었다. 실과 실 사이를 엇갈려 감아 어디에서도 끝이나 매듭을 볼 수 없다.

남편 곁에 붙어만 있는 게 화근이었다. 아니, 조도가 낮은 거실에서 쓸데없는 에너지 쓸 필요 없다 여기고 다림질을 하다 일을 냈다. TV 보는 남편  옆, 어두운 스탠드 앞에서 다림질하다 모직바지가 눌었다.

10여 년을 한결같이 즐겨 입던 멀쩡한 바지를 버릴 수는 없어서 상아색과 어울리는 밤색 구슬에 연두, 분홍 구슬을 섞어 달았다. 흠은 가리고 멋은 더해졌다.

오염되어 못 입게 된 옷도 조금만 공을 들이면 새 옷이 된다. 화장품이 묻어 지워지지 않는 티셔츠가 있었다. 흠을 가리고 더 빛나게 할 묘안을 찾던 중 백화점 명품관에 가보니 구슬이나 스팽글이 달리면 똑같은 옷이라도 가격에 0이 하나 더 붙거나 서너 배가 뛰어 있었다. 동대문 원단 부속시장에서 스팽글 한 봉지를 2천 원에 샀다. 따로 시간을 내지 않고 전화받으며 TV 보며 짬짬이 달았더니 흠도 가리고 가치도 높아졌다.

명품과는 격이 다르다. 아무리 명품이라 해도 같은 것을 수백 점씩 만들어 세계로 나누니 우리나라에 십여 점씩 들어온다. 명품을 입어도 십여 명은 같은 옷 입은 이들이 마주칠 수 있다. 이와 달리 내가 손 댄 물품은 세상에 단 하나밖에 없으니 최고다.

너무 오래 입어 싫증 난 옷이 간혹 있다. 오래 정든 것이 좋기는 한데 때론 그게 지루하다 느껴질 때도 있다. 이 옷이 그런 경우인데, 조금 바꾸어서 새 옷을 만들었다.

잠시 생각하다가 털실로 솜다리(에델바이스)꽃을 수놓았다. 봄에는 이 꽃이 목련으로도, 벚꽃으로도 보인다. 큰 꽃, 작은 꽃, 반쪽이도 있다. 소매에도 어깨에도 살짝 꽃을 얹었다.

두 옷은 서로 다른 감인데도 이렇게 같은 꽃수를 놓으니 일습이 되었다.

일부러 옷을 사러 다니지는 않는 편이다. 몸집이 작은 편이라 어디를 가도 남아서 싸게 파는 옷을 운 닿는 대로 사 입는다. 더구나 오래된 옷을 좋아하고 새로 꾸미고 다시 만져 입기를 즐기니 별로 살 일이 없다.

그런데 어느 날, 길을 가다 횡재를 했다. 너무나 비싸서 살 엄두를 못 낼 옷인데 90%, 95%까지 할인을 한다는 것이었다. 들어가 보니 안감까지 얇은 실크, 시폰을 쓴 순모 원피스와 재킷이 눈에 띄었

    4장 │ 순간을 즐기면 살림이 쉬워져요

다. 하지만 입어보니 튤립 모양 원피스는 허리가 불룩한 것이 영 아니고 재킷도·소매 길이가 어중간해 마음에 들지 않았다. 그래도 고쳐 입을 요량으로 샀다.

집에 와서 꼬집기법으로 허리 부분에 꽃을 만들어 넣었다. 꼬집기는 우리나라 전통 바느질법의 하나로, 말 그대로 천을 조금 위로 꼬집듯 당겨 꿰매는 법이다. 서양 바느질의 핀탁과 같은 것이다. 그것을 곡선으로 활용하여 꽃을 만든 거다.

원피스를 꼬집기법으로 고치고 나니 허리가 잘록해져서 옷모양새가 내 맘에 들게 되었다. 재킷은 소매를 살짝 걷어 올리니 7부 소매가 되었다. 돈 안 들이고 예술적인 옷 한 벌이 탄생했다.

10여 년 전에 산 핸드백이 있다. 살 때는 가죽과 셰이드인 줄 알았는데 나중에 보니 셰이드가 아니라 우단이었다. 우단은 나와 함께 나이를 먹어 낡아서 허연 속살이 보였다.

까만 구슬 한 봉지와 스팽글 한 봉지를 사
서 핸드백에 넣고 다니며 짬이 날 때
마다 한 칸씩 달았다. 서울 근교로
강의를 다닐 때 짬을 내기가 좋았다.
그렇게 틈틈이 달다 보니 4천 원으로
새 가방이 탄생했다.

이 가방은 원래 친구의 것인데, 안감이 너무 오염되고 손잡이가
뜯어졌다고 친구가 버리려던 것을 얻어와 고친 것이
다. 내가 디자인을 하고 가방 수선집에 의뢰
하여 다시 만들었다.

가죽 꿰매기는 쉬운 게 아니라서 맡긴
것이다. 입지 않던 오래 묵은 가죽
치마를 뜯어 가방 안감과 손잡이
로 활용했다. 10년을 써서 닳은 모
자 테두리도 가죽치마 자투리를 이
용해 새로 달았다. 앞으로 10년은 더
쓰지 않을까?

   4장 | 순간을 즐기면 살림이 쉬워져요

한 유명회사에서 나온 홍보용 가방이다. 회사 로고째 들고 다니기 싫어 그림을 그렸다. 둥근 로고 문양에 맞게 노란 꽃을 그리고 그 아래 상호에 맞춰 이파리를 그려 넣었다.

화사한 꽃가방이 되었다. 가방이 큼직하여 유화도구를 넣어 다니기에 안성맞춤이다.

내가 수선화를 사랑하게 된 것은
조선시대 최고의 예술가
추사 김정희를 알게 되면서였다.
추사가 수선화를 무척 좋아해
제자들이 그 꽃을 바치기도 했단다.
그래서 지금도 추사를 흠모하는 사람들은
그의 생가에 갈 때 수선화를 들고 간다.
이른 봄, 추사를 사랑하는 나는
이제 제자를 맞으러 수선화를 심는다.

봄, 산당화 피는 학교

겨울방학을 보내고 2007년 2월 첫 수업을 한다고 했더니 산당화를 좋아하는 이가 개강 날에 맞춰 산당화를 한 묶음 보내왔다. 내가 산당화를 좋아한다는 말을 듣고 보낸 것이다. 얼마나 많던지 혼자 보기 아까워 이웃 친구한테 한 다발 나눠 보내고도 풍성했다. 사람들은 대개 "이게 무슨 꽃이에요?"라고 묻는다. 때론 눈이 휘둥그레지며 생화냐고 묻기도 한다.

산당화. 봄녘에 화사하게 피는 산당화는 우리네 뜰에서 기르던 꽃이다. 산당화라고 하면 고개를 갸웃거리는 사람들도 화투에서 2월 매조꽃이라면 고개를 끄덕인다. 늘 보았는데도 관심 없이 지나쳐서 모를 뿐이다.

이즈음 산당화와 꼬부랑 버들가지를 즐기는 남편은 어디서 맘에 드는 식물을 발견하면 내 손목을 잡아끌고 보여준다. 이름을 물어 기억하지도 않고 사지도 않는다. 내 눈으로 담아뒀다가 다음에 그와 같은 것을 구해달라는 뜻이다. 그래서 산당화를 보면 그렇게 나를 끌고 다니는 남편이 떠오른다. 알고 보면 남자들은 대체로 여자에게 의지하고 산다. 아들도 그렇고 남편도 그렇다. 아버지들도 딸 말이라면 끔찍하다.

아이들이 어려 손이 한참 갈 때도 남편은 곁에서 아이처럼 보챘다. 그러면 남편에게 "내 아들부터 챙기고 시어머니 아들 봐줄게" 했다. 아이들이 자란 다음 다 늦게 저녁을 먹으러 온 남편 밥상이 우리끼리 간소히 먹는 것과 다르자 아들이 이의를 달았다. 그런 아들에게 나는 "야! 내 남편이 중하지 내 며느리 남편이 대수냐?" 하며 놀렸다. 산당화를 따라가다 보니 별의별 이야기가 다 떠오른다.

어찌됐건 기생 화장품 냄새가 나도록 야한 꽃 산당화가 제격인 이른 봄이다. 산당화로 엄마학교가 화사하다.

제자 맞는 수선화

엄마학교 봄단장엔 수선화만큼 좋은 꽃이 또 없다. 어떻게 그 작은 뿌리에서, 그 푸른 줄기에서 이렇게 노랗고 여린 꽃이 솟아날까?

작년과 재작년 봄에 노란 수선화를 즐기고 그 알뿌리를 뜰에 심었더니 추위 속에서도 싹을 내었다. 꽃삽으로 조금 떠다가 물확 옆에 두었더니 꽃이 화사하게 피어 봄을 알리고 엄마들을 반겨 맞는다.

수선화를 아는가? 달콤하고 향기로운 냄새가 나는 수선화. 많은 사람들이 수선화는 몰라도 그리스 신화에 나오는 나르시스 이야기는 안다. 나르시스가 물에 비친 자신의 모습에 반해 그대로 물가에서 수선화가 되었다는 이야기다. 나르시스를 사랑하던 프리지아 역시 그 자리에서 꽃이 되었고, 그래서인지 프리지아와 수선화는 향기가 비

숫하다. 수선화가 조금 더 은은할 뿐이다.

내가 수선화를 사랑하게 된 것은 조선시대 최고의 예술가 추사 김정희를 알게 되면서였다. 추사가 수선화를 무척 좋아해 제자들이 그 꽃을 바치기도 했단다. 그래서 지금도 추사를 흠모하는 사람들은 그의 생가에 갈 때 수선화를 들고 간다.

김정희가 수선화를 사랑했다는 이야기를 처음 들었을 때 수선화가 어떻게 생겼을까 궁금했다. 그 꽃을 남의 나라 꽃이라고만 알고 있었는데 조선시대 우리나라 사람이 좋아했다니 더 궁금했다. 알고 보니 우리나라에도 수선화가 참 많았다. 옛날 그림에도 자주 등장하고 제주도엔 길가에 지천으로 깔린 게 수선화이고, 선배 고향인 거문도에서는 수선화 알뿌리를 소먹이로도 쓴단다. 그 아까운 꽃을…. 하긴 너무 많이 자라니 그냥 들풀처럼 쓰는 거다.

이 아름다운 꽃은 땅에 묻어놓기만 하면 고맙게도 해마다 피어서 사람들을 행복하게 한다. 실내에서 즐기다 아무 땅에나 심어놓으면 언제까지나 꽃을 피워 봄을 알린다. 더구나 해가 갈수록 알뿌리가 점점 많아진다. 3월 말이면 성북동 집 뜰은 수선화와 히아신스, 크로커스, 무스카리가 탐스럽다. 오래오래 두고 볼 수 있는 꽃을 키우는 게 좋다.

이른 봄, 추사를 사랑하는 나는 이제 제자를 맞으러 수선화를 심는다.

조각보 날리는 여름, 풍경 소리 정겹다

볕 따가운 여름에 엄마학교를 열었다. 골목길에서 집 안이 훤히 보이기에 어쩔까 궁리하는데 한복집을 하는 한 언니가 선물로 조각보를 보내왔다. 모시 조각보 하나만 활짝 연 창문에 붙여도 시원하기 그지없다. 그 위에 풍경이 있어 한층 더 고즈넉하다.

우리네 한복은 조각이 나오지 않는 옷이다. 치마는 통이고 저고리도 배래가 둥글지만 옷을 뜯어보면 네모반듯한 천을 그대로 둥글려 썼다. 섶이나 깃에만 조각이 들어가니 작은 조각이 나왔을 법하다. 그렇게 만들고 남은 조각 천들을 다 모았다가 조각보를 이었다.

조각 하나하나마다 저마다의 사연과 한숨, 시름, 보람이 숨어 있겠지. 설렘과 기쁨, 망설임도 배어 있을 것이다. 무엇보다 정성이 담

뽁 들어가 있다. 아무리 잘 만들어도 마지막까지 놓치지 않아야 제대로 된 조각보가 완성된다. 상상을 초월한 기다림으로 이루어낸 것들이다.

조각보 만드는 일은 아이를 키우는 일과 비슷하다. 얼마나 많은 짜증과 떼와 고집을 받아내며 칭찬하고 기다려주어야 하는가. 아이는 말로 키워지지 않는다. 조각보 만드는 법을 아무리 많이 알고 있어도 날마다 말로만 한다면 단 한 땀도 나아가지 못한다. 아이는 행동으로 키운다. 날마다 '조각보 만들어야지, 아이에게 화내지 말아야지' 하고 결심만 한다면 달라지는 게 없다. 알고 있는 것을 바로 지금 행해야 조각보가 이어진다. 아이가 큰다. 아이를 키우며 덩달아 나도 큰다.

넉넉한 마음을 나누는 가을

조촐하던 9월과 달리 10월부터는 수강생이 꽉 차서 답답한 느낌이 들었다. 뭔가 엄마들끼리 소통하게 흩트려 놓고 싶어져서 엄마학교 뜰에 있는 꽃 이름을 맞추게 하여 엄마학교용 도자기 물 컵을 선물하고 간단한 질문을 하여 책을 상으로 주기도 했다. 그러면 서로 들여다보고 박수 치고 웃고 하였다. 학교 안뜰에 핀 과꽃을 맞추던 날은 함께 '올해도 과~꽃이 피었습니다.' 노래도 불렀다. 초등학생이 된 기분을 누리기도 했다. 훨씬 생기가 돌고 좋았다.

어쩌다보니 크리스마스실을 7백 장 사게 되었다. 아직도 실을 파는지 몰랐는데, 우리나라에 여전히 결핵환자들이 있고 그들은 전에 비해 지원을 받지 못해 치료받기가 더욱 열악한 환경이 되었단다. 개

별적인 지원을 통해 결핵 사업이 진행되고 있는 실정이다. 그걸 알고 는 실을 사지 않을 수 없다.

2006년 실은 독도 사랑을 주제로 그곳의 자연을 그려넣어 그림처럼 아름다웠다. 실이 넉넉하기에 여럿에게 마음 내키는 대로 나누어주었다. 그러다가 엄마학교 수강생들에게도 나눠주고 싶어 대회를 열었다. 바로 가위바위보 대회다.

가위바위보를 하니 진 사람이 바로 실망한 얼굴로 한숨을 내쉬었다. 그걸 보고는 "누가 이긴 사람에게 준다 했나요?"라고 말하니, 엄마들이 무슨 소린가 어리둥절해 했다.

"진 것도 서러운데 진 사람이 가져야죠."

우리 집에선 언제나 이긴 사람에게 혜택이 가지 않는다. 때론 진 것도 가여운데 아이스크림까지 사러 가게 하면 너무 안됐잖아 하며 이긴 사람이 불편을 감수하곤 한다. 이겨서 기분 좋으니 좋은 일 좀 하겠단다.

가위바위보를 하느라 마음을 쏟다보니 엄마들이 모두 활짝 웃고 있었다. 아이들처럼 예뻤다. 고정관념을 버리면 생각이 유연해져서 삶이 풍요로워진다.

큰아이는 5학년 때부터 스카우트 활동을 하면서 바깥생활이 잦아졌다. 기본적으로 산에 오르고 체육대회도 해야 했으니 점점 바깥생활이 익숙해지고 그것을 즐기게 되었다. 그러던 중 여름방학이 되자 한강 뚝섬으로 윈드서핑을 배우러 갔다. 자신도 자신을 아는 터라 걱정이 컸다.

"엄마, 나 못하면 어떻게 해?"

"좋은 선생님들이 세세하게 가르쳐주시고 대장님들이 도와주실 테니 잘할 수 있을 거야."

"그래도 나 혼자 못하고 앞으로 나아가지 않으면 어떻게 해?"

"잘할 수 있을 거야. 정 안 되면 꼴찌 하는 거지 뭐."

"......"

"네가 꼴찌 해주면 딴 아이들이 '아휴, 내가 꼴찌는 아니구나. 태경이가 꼴찌니까' 하며 안심하고 좋아하겠지."

누군가는 꼴찌를 해야 하는데 자기가 그것을 하면 다른 아이들이 재보다는 잘한다고 안도하고 부끄러워하지 않게 된다고 하자 아이는 용기를 얻고 가벼운 마음으로 갔다. 수영도 못하고 물을 무서워하는 아이는 의외로 잘하고 돌아왔다.

"엄마, 교관님 말씀이 구명조끼만 입으면 물에 빠져 죽으려 발버둥을 쳐도 못 죽는대요. 조끼가 떠서. 물에 몇 번 빠졌는데 그 말이 정말이데요."

아이는 신이 나서 눈을 반짝이며 떠들었다. 꼴찌를 하겠다고 마음을 비우고 가서 그런지 많은 아이 가운데 제일 잘 탔다고 했다. 발상의 전환이 삶을 여유롭게 한다.

겨울, 문 꽁꽁 닫고 지내기

모두 춥다고들 하지만 겨울은 겨울다워야 좋다.

코끝이 맵도록 추워야 병균도 사라지고 새봄에 꽃이 더 곱게 핀다. 겨울이 겨울답다고 생각하면 아무리 추운 날씨도 견딜 만하다. 추위를 견디기 위해 꾀를 내보는 것도 좋다. 제철 음식을 먹어 몸을 따뜻하게 하면 어지간한 추위쯤은 일도 아니게 된다.

아이 키우는 일도 마찬가지다. 아이를 아이라 여기면 기르는 것이 힘들지 않다. 아이를 기르며 꾀를 내어보면 아이 기르는 게 재미있다. 기르는 맛이 있다. 아이가 까다로우면 힘들다 여기지 말고 기르는 맛이 남다르다 여겨보자. 기르는 맛을 즐기며 키우면 훗날 나눌 말이 무궁무진해진다.

오늘 이 순간 내 곁에 있는 행복을 잡아요

지난여름, 우연히 뒤뜰에 놓인 돌확을 옮기다가 한쪽에 물이 고이는 것을 알고는 구비구비 물길이 도는 실개천을 만들었다.

남편과 일을 막 시작하려는데 빗방울이 떨어지더니 급기야는 제법 굵게 내렸다. 이미 물장난, 흙장난에 재미가 붙은 터라 그냥 내질렀다. 장대비를 맞으며 흙일을 하니 더욱 철퍼덕거리고 시시덕거릴 수 있었다. 온몸을 다 내놓고 우리 부부가 비와 흙과 하나가 되어 놀았다.

오후에는 멋진 실개천이 만들어졌다. 뒤뜰이라 우리는 청계천처럼 강북 개발을 했다고도 하고 하회河回를 만들었다고도 한다. 장난감처럼 작지만 굽이치는 물길이 어린 시절 방학이면 놀러가던 외가, 하회마을을 닮았다. 오래전 '옥상하늘정원 만들기 운동'을 하는 회사에 강의를 갔다. 강연장 책상 위에 조경석과 어우러진 정향나무가 놓여 있었다. 그 모습에 감탄하니 그렇잖아도 강의료라며 조경석을 선물로 주었다. 이젠 쓸모없어진 그 돌로 실개천의 시원석을 만들었다. 수도호스를 흙으로 가리고 돌에 살짝 얹었더니 퐁퐁 솟는 물만 보여 산속에서나 봄직한 광경이 벌어졌다. 해를 넘기자 이끼가 자라 태고의 신비를 보는 듯하다.

남편은 시간만 나면 뒤뜰 물길 다듬기에 바쁘다. 물길을 만들고는 매일 아침마다 안뜰보다는 뒤뜰에 가서 들여다보는 시간이 많다. 물길 따라 이끼를 입혀 백사장 같은 포근한 터를 만들고 주변엔 한탄강 창포며 물안개 같은 물가 식물로 장식하느라 하루해가 짧다. 하루 종일 놀아도 지루하지 않고 재미가 넘쳐난다. 작년보다 올해는 물길이 자리를 잡아 아주 풍성하다. 물장난을 하고 있는 남편을 보노라면 마치 어린아이가 천진하게 노는 것 같아 귀엽다. 물장난, 흙장난이 아이들만 좋아하는 것이 아니라 어른에게도 좋은 놀이다. 만져도 만져도 지루하지 않고 놀아도 놀아도 끝나지 않는 흥미로운 놀이가 자연에 있다. 그게 집 안에 있으니 밖으로 돌지 않는다.

작은 물길이 사람 사는 모습과 아이 기르는 것과 별반 다르지 않다. 어느 것이나 손이 가면 빛이 난다. 하루 일로 작은 실개천이 만들어지듯 하루 애정표현으로 아이가 웃고 밝아진다. 살 비비고 냄새 맡고 귓속말로 속삭이며 아이를 대하면 아이가 빛난다.

또 물길처럼 인생이 평생 순탄하지만은 않다. 소용돌이도 있고 굽이치는 날도 있다. 긴 시간을 지나다 보면 자연 벌어지는 일이다. 아이가 유난하면 기르는 맛이 있어 좋고 고집 세면 그것 보는 맛이 좋다. 제 생각 없는 놈을 무엇에 쓰겠는가? 문제를 일으키면 푸느라 머리 맞대게 되고 그러다보니 더 친근해져서 좋고 아이의 내면을 알게 되어 좋다. 그 과정을 겪으며 아이가 엄마의 다른 모습을 보며 감동하게도 된다.

물길이 휘어져 있어 맘에 든다. 살면서 바로 가지 않고 여기저기 돌아가느라 기웃거리는 맛이 좋다. 어슬렁거리며 다니기, 거리에서 길 가는 사람 표정 살피기, 담 틈에 핀 풀꽃 들여다보기, 따사로운 햇살 아래 실눈 뜨고 뒹굴기처럼 여유롭다. 살면서 오늘, 사는 것처럼 살고 싶다. 운동장에서 지치도록 놀다온 아이 머리에서 맡아지는 햇살 냄새를 즐기며 행복에 젖듯.